U0119695

luminosity
luminosity luminosity luminosity
luminosity luminosity luminosity luminosity
luminosity luminosity luminosity luminosity
luminosity luminosity luminosity luminosity
luminosity luminosity luminosity luminosity
luminosity luminosity luminosity luminosity
luminosity luminosity luminosity luminosity
luminosity luminosity luminosity luminosity

2024龍年開運大補帖

十二生肖運勢

2024龍年，龍騰飛躍，祥瑞齊現。
想要龍年轉運，
一定要瞭解自己的生肖運勢
關於龍年財運、感情、健康、事業、流月運勢。
這是一本讓你一看就能懂的開運書。
讓你天天有好運，龍年好運降臨，
一起來創造好運好命！
想開運自己來！
千萬不能錯過這本十二生肖運勢開運大補帖！

暢銷作家 黃子容 著

二〇二四開運大補帖

黃子容

二〇二四龍年十二生肖運勢開運大補帖，出版囉！

去年開始，疫情受到穩定的控制，我們的生活工作逐漸回復到了疫情前穩定的狀態，但是也因為疫情趨於穩定，人們對於生活的急切與擔憂，害怕未來不知道會不會又有什麼樣無常的變化，而開始起了心念上不同的變化。

有人被過去的疫情影響，而產生了生活、經濟的恐懼，擔心未來萬一又來了個什麼新的疫情，生活又產生變化，到底該如何因應與面對，這些都變成了人們對於未來生活的擔憂，內心潛在的恐懼。

疫情的衝擊與改變，影響了我們將近三年的時間，龍年的到來，也代表著許多生機重整出現，市場也會重新洗牌，對於已經有所發展的企業或是組織，必須要有統整與創意行銷的能力，才能在市場上持續發光發熱，受到矚目，市場資金流轉偏向於激進，龍年大家一定要記得學習守財。

過去經濟與財務上的衝擊，讓人害怕經濟問題造成生活上的困難，因此等待市場重整之後，人們對於行銷與資金活絡有著很大的期待，期待在經濟上可以翻轉，因此在投資上過於衝動，可能都會造成破財的情況。而對於在生活工作上穩定的朋友們，守財是一門新的課題，如何能夠存錢以及增加投資收入、增加工作報酬，都是一個新階段的課題。

新一年的到來，擁有新的開始，希望未來的生活，可以讓我們的生活過得更穩定平順，心靈安定，大家都健康平安。

這幾年生活型態的改變，讓人們對於生老病死，愛別離，生死苦的課題，有了許多的學習，生命中有很多無常的變化，常常讓人措手不及，許多遺憾深藏在心中，這也讓我們重新思考了人生的定義。

對於這些課題，我們需要有更堅定的心念，安定我們的心，為自己的人生努力，不讓遺憾在心中。我們大家都明白了身體健康的重要，也渴望追尋心靈成長與人生智慧的學習。

每年到了年終，許多人都期待這本開運大補帖的出版，這本書中的內容可以讓我們了解到未來龍年的運勢，以及相關十二生肖的運勢，讓我們擁有方法幫助自己來開運。這本書已經變成大家每年都非常期待的一本開運工具書。

帶著二〇二三兔年主要課題就是要「沈靜思考，積極行動」，過去因為疫情的關係，我們沈靜了許久，很多事物無法開展，工作無法展現，兔年讓我們學習在穩健中成長，有勇氣學習承擔，做事不要衝動，懂得執行事務需要規劃，積極向前。

在龍年的心態上，要多注意的是「勿爭鬥、勿疑心」，龍年可能會伴隨著很多紛爭，尤其是鬥爭或者是官司訴訟，甚至於是有些爭奪的事件不斷地發生。

在龍年這一年中，也會突顯出許多個職場的衝突事件。領導型人物可以脫穎而出，對於一個組織的紀律會有所成長以及成就，具有領導能力或者是具有才華的人，容易在龍年嶄露頭角。

二〇二四龍年主要課題就是要「勿爭鬥、勿疑心」，也許會有很多看不過去的事情，而影響了你的心情或情緒，產生了衝動或暴躁的情緒表現，那麼對於很多事情也產生了許多的質疑，無法建立信任的關係，所以在這樣具有鬥爭又無法建立信任關係的情況下，容易讓人與人之間產生更多的衝突，這也是在龍年我們必須要特別注意的現象。

在龍年中，越勇敢的人會得到更多成就，因為勇敢為自己爭取。願意勇敢的嘗試，可以為自己帶來更多不同的出路，也可以為自己創造出許多的機會，所以在龍年可以感受到生活與工作當中的機會很多，但是能不能把握，能不能夠充分的展現自己的潛能，會是非常重要的學習課題之一。

新的一年仍是需要大家努力，學習創造機會，把握機會，龍年需要更多穩定的情緒，不與他人爭鬥，接受他人不同的觀點。生活中學習冷靜思考，保有善心初衷，積極展現行動力，面對挫折不逃避，就能夠擁有比別人更多的機會去表現。

過去我一直不斷地傳遞著「念轉運就轉」的觀念，這幾年大家都「心」苦了。在環境上的衝擊，而影響到了心念的改變，大家的心漸漸渴望尋求安定，尋求心靈上的成長。

未來人生的道路上，我們依舊會遇到許多的挫折與挑戰，但只要願意改變，願意練習念轉，我們都有機會可以改變自己的人生，創造更美好的未來。

這些年出版的心靈成長書籍、念轉運就轉的系列書籍，都是希望大家從心念的轉變開始，開啟心靈生活的充實與精進，信念的建立，落實到生活中的修行，希望這些書籍都可以帶給大家一些新的觀念或是心的領悟，為自己的人生，重新開啟新生的一頁。

「念轉運就轉」，一直是我們都相信著的信念，很多事情經由我們心念的改變，可以改變自己的人生，掌握自己的命運，這幾年我們開始學習接受別人不同的意見與觀點，用愛去包容與接納，穩定我們的心靈與生活，更希望大家學習活在當下，珍惜當下。

「念轉運就轉」已經開始真正的落實在大家的生活當中，漸漸地，有更多的心靈種子在心底茁壯，學習能夠圓滿自身，幫助更多需要幫助的人，這是一份心靈上的成長，也是一份成就。

十二生肖運勢開運大補帖，是每年子容都會與菩薩詢問，每一年十二生肖的運勢開運大補帖，然後將這些開運的方法編輯成冊，出版成為一本開運大補帖。

這一本運勢開運大補帖，針對十二個生肖的不同，分別分成十二個月份的運勢分析，在每一個生肖月份上，做運勢詳盡的分析，而這些運勢分析，分為有感情、工作事業、健康、財運，還有每個月的運勢小叮嚀，提醒你在每個月運勢需要注意的部分，是一本幫大家提前畫重點的開運大補帖。

這一本開運大補帖，讓你知道如何擁有好運氣，如何可以讓自己在生活中開運，希望你天天擁有好運氣，時時擁有好的信念，便能夠讓好運降臨在你身上，當你的運氣與人生都越來越好的時候，你的能力也會變得更好了，更能夠對他人有影響力，幫助更多身邊的人，做更多的善事，這就是一個善的循環。

這一本書是可以讓你使用一整年的開運工具書！是一本很棒的開運大補帖！學習凡事多珍惜，多感恩，想要擁有好運氣好能量，從善心善念開始，散發慈悲關懷，多關心家人。堅持善良，堅持初發心，不失去善良的心，秉持善心善念，照顧好自己的心，擁有更多愛與善的能量，讓善循環不斷湧現。

二〇二四年龍年到來了，希望每一個人的生活，都能夠抱持著願意精進的態度，讓我們的生活有著更好的改變，學習用我們的影響力去改變身邊的人，傳遞好的信念，傳遞善良溫暖的力量。

這世界也許很紛亂，也許在龍年的時候會出現許多言語上，以及人與人之間相處的衝突，當我們看到這些衝突跟變化的時候，我們不要沮喪，面對這樣的衝突，其實也是讓我們學習更多思考的機會，試著開始學習穩定自己的情緒，看見很多與你觀念或想法不同的事情時，都能夠學習包容跟接受，能夠學習不抱怨，然後接納不同的觀點。

這樣的生活態度，也是學習整合融合，是非常重要的。我們的人生本來就會充斥著許多不同的意見，本來就是需要從不同的人身上作為學習，如果我們拒絕了，那麼就等於失去了成長的動力，所以，我們會在別人身上看見需要反省的，也會在別人身上看見一些優點，需要我們去學習。

希望在龍年我們有更多的行動力可以去證明我們的改變，我們可以用更多穩定的情緒去表達我們內心更多真實的想法。

龍年詐騙的事件會越來越多，利用人性的脆弱以及貪心的慾望，可能會讓我們深陷於詐騙之中，我們必須要學習控制自己的慾望。

我們每一個人都很重要，可以去影響我們身邊的人，可以為自己帶來更多溫暖的愛，學習著照顧好自己的心，重視自己的生活品質，把人生生活的重心回歸到自己身上，去觀照自己，用你充滿生命力的光亮，去照亮身邊的人，讓他們也感受到溫暖的光與熱，如此善的循環，會創造出更多美好的生活與未來。

龍年的到來，讓我們一起成為一個溫暖的人，用我們帶來的光亮，照亮他人的心，溫暖著他人。

心開運，好運自然來。心光亮，光亮照心房。

祝福大家龍年行大運！萬事順利，心想事成，一切平安。

十二生肖運勢開運大補帖

二〇二四年個人流年紀錄表

月份	流年
一月	
二月	
三月	
四月	
五月	
六月	
七月	
八月	
九月	
十月	
十一月	
十二月	

龍年整體運程

生肖屬龍的朋友，個性較為活潑，創造力十足，適合從事創造性的工作，能夠充分展現出自己的想法，行事積極，能將想法實踐在現實生活當中。屬龍朋友的特質，擁有天馬行空的想法，願意實踐的動力比一般人來得更好。

但是屬龍的朋友，個性較為固執，有上進的心，為了做好一件事情，他們可以付出許多的精力和心力，擁有超強的意志力。

屬龍的朋友個性、自尊強烈，有時不想為五斗米折腰，擔心與夢想太過遙遠，不切實際，更容易因為遭受到挫敗而一蹶不振。

我們都知道「龍」在神話中是神獸，所以他們具有能力高強、變幻莫測的特質，在個性上有時也會忽冷忽熱，或是難以掌控，行動力較為極端，有時做事情很積極，有時也會消極抵抗或者是消極喪志，讓人有點摸不著頭緒。

當然他們是非常具有創意的，也很希望透由他們的影響力，去改變身邊的人，樂於跟他人分享自己的想法，也勇於接受挑戰，希望可以開創出新的局面。

屬龍的人不是光說不做的人，但有時候往往操之過急，太過於急躁，當夢想太過於遙遠或不切實際，會讓別人認為空有夢想，但卻不夠有動力去實現。

屬龍的人，晚年會開始走向心靈平衡以及平靜的狀態，他們會試著去平衡自己的內心，以及努力在夢想跟現實之間找出平衡點，學習妥協，學習接受人生不如意的事情。

在龍年的流年走勢上，龍年是非常特殊的，因為在政治、經濟、民生局勢上會有許多無法預料的現象出現，這些現象一旦出現時，會變成三碧鬥爭星入中宮，而立春八字沒有官星坐鎮，社會上會發生許多破壞規矩以及主動攻擊的狀態出現，很多社會秩序無力管束，無力掌管，政治紛爭或者是戰亂的事情就會出現，今年若想要風平浪靜過日子，必須要做好謹慎行事的準備。

在經濟方面，也缺乏水助力，缺資金以及水的流通，阻礙經濟的復甦，那麼水在五行當中代表著運輸跟貿易，水本身已經跟經濟有很大的關係，在龍年之中，水為財，所以任何跟水有關的行業，其實都有豐富圓滿的意識，但也稍嫌會有力量不足的現象，所以其他五行可能也都會因為缺水缺乏財力，而沒有辦法在經濟上有所付出，這也是反映了全球經濟在投資上財源財力的缺乏。例如說投資企業當中，會有很多周轉不靈的情況出現，而影響到了金融投資市場。

龍年會有「辰戌」相衝的狀況，「戌」代表的意思是狗，所以可能會出現有很多跟狗相關的新聞，或者是也要注意家中養寵物的人，寵物狗的健康，有一些影響。

龍年很多事情可能會有風起雲湧，一波三折的情況出現，但是也是代表著危機當中有一些轉機出現，如果可以擁有創新思維，能夠在這些危機當中，找出出奇制勝的想法以及觀點，會讓他的事業發展會更有成就。

龍年進入地運轉移的時候，從下元八運轉為下元九運，也就是從二〇二四年到二〇四三年之間，地運轉移對於全世界都有非常大的影響，整體局勢必然會更加的震盪，而九運的本質是屬於九紫離火，「離」代表眼睛，也就是會有分離的狀況，大家要多注意眼睛上面的疾病。火代表著心臟血管，也代表著能源與資訊行業，龍年的科技與資訊更為發達。

人們對於情緒上面的起伏，需要更多的關懷與關注。

地運轉移涵蓋了二十年的影響力，中宮的

流年飛星對於全年也非常的重要。

龍年三碧星飛臨中宮位置，三碧星代表口舌之爭，也代表好勇鬥狠的現象，加上地運交接的動盪，龍年更容易出現各種形式上面的侵略紛爭，以及國際上的糾紛以及經濟上面的控制跟制裁，大規模網路或資源活動，會讓人們陷入危機。

而凶星力量最強的五黃災星，甲辰龍年則飛臨正西，象徵著說話能力及呼吸系統需要注意，讓人容易有喉嚨氣管的毛病，或是說錯話而引起軒然大波的問題，五黃災星落入西方，也象徵著以口才謀生的工作，或者是演藝圈人員，要提防喉嚨疾病或是健康受損的狀況。

至於負面能量比五黃次之的二黑病星，龍年飛臨東南方，所以東南地區的運勢也不好，要注意大型的災難。

龍年有木受困的現象，恐有天災與糧食危機，農作物易產生損失的狀態，所以隨著颱風增加，風災、水災嚴重的情況下，必須要做好防災的措施。

吉星方面，踏入了九運以後，最強力流年吉星為九紫。

九紫星本來就是喜慶星，在九運期間更是當旺財星，龍年飛臨西南方，所以在西南方的地區經濟也是非常好的，另外西南方也代表著母親坤宮，所以在喜慶星進駐的情況下，一般身分為媽媽的人，都會有很多的喜事，也可以增加知名度，或者是在好運方面，也比一般的人更強。

另外一個八白吉星在龍年飛臨正北，是貴人星，在龍年六親人物當中，我們用吉凶來看不同的年齡層，男性比女性擁有更多的好運，很多吉星進駐扶持父親或是家中的長男或么子，能夠得到比較多的好運氣跟發展。

五黃災星進駐正西方，一般來說女生要多注意健康與財務上的規劃，要更加小心謹慎不要被詐騙。

之前購書福袋贈送的「觀世音菩薩甘露淨水瓶」，大家於龍年時，可以擺放在家中開門斜對角的財位上，當作裝飾品或開運物也可以，可以增加財運催財的好運氣。

另外還可以將「觀世音菩薩甘露淨水瓶」放在武曲星位、破軍星位、桃花星位、文昌星位，都可以有利於工作與桃花的旺運。

而擺放「觀世音菩薩甘露淨水瓶」，可利於龍年好運的增加，讓家中家人平安健康。

常常將「觀世音菩薩甘露淨水瓶」中之淨水倒出來，噴灑於客廳，具有淨化磁場的功用，所以「觀世音菩薩甘露淨水瓶」每年都可以妥善的運用，幫助開運。

大家要好好照顧好自己的心，堅持初衷，待人懂得感恩，樂於承擔不逃避，遇到困境要學習勇敢面對，學習正向思考，積極作為。

犯太歲

今年犯太歲的生肖，是正沖生肖屬龍的朋友。

而偏沖犯太歲的生肖，有屬狗、屬牛、屬兔的朋友。

我們常說：「太歲當頭坐，無喜必有禍。」但是犯太歲的人也不用太過於擔心或害怕，信念轉變，運氣就會跟著改變，也許這也是一個大有收獲的好年，願意突破過去，迎向嶄新未來的年，犯太歲運勢不一定是不好的，也可能是翻轉命運重要的一年。

心念很重要，一旦你的心念想法能夠有所轉變，就是一個改變的開始。

遇到太歲當頭坐的情況，龍年要學習控制情緒，不要胡思亂想，建議多參與喜事，多注意健康問題，日常生活多注意安全。

犯太歲的朋友，在做事方面，要比一般的

朋友們更加小心謹慎，便能翻轉自己的運勢。

犯太歲的人，容易有血光之災的問題，不要因為太過忙碌疏於照顧自己的身體，要讓自己的精神好，避免精神不濟而讓自身的安全受到威脅，所以充足的睡眠是非常重要的，每個人也都要多注重健康上的問題。

另外，犯太歲的朋友，盡量不要參加任何高危險的活動，避免危險的發生。

建議擔心有血光之災的人，可以選一個月的農曆月初或者是年初的時候，就去捐血，或者是在每個月的農曆初一，拿血糖針刺食指一針，擠出一滴血就可以化解血光之災。

尤其注意農曆的二月、四月和五月，容易有血光之災或是車關的狀況出現，注意交通上行車的問題。

今年犯太歲或是偏沖太歲的朋友，可以多佩戴一些自己生肖形狀的飾品，或是六合、三合生肖，當鑰匙圈或是當裝飾品，都可以以形補運，之前有送給大家的十二生肖守護的開運寶物，大家也可以隨身攜帶，作為保護、開運。

屬龍的朋友配戴雞形的飾品，或者紅色、金色的飾品或鑰匙圈。

屬狗的朋友配戴虎形或馬形的飾品，或黃色衣服或裝飾品。

屬牛的朋友配戴鼠形的飾品。

屬兔的朋友配戴豬形的飾品或擺放有羊形圖案的物品於桌上。

屬龍的人在今年正沖太歲，在財運上投資理財要小心破財，不要被他人引導投資，錢財規劃不要受到別人的影響，要能夠自己做功課，在財運上切勿貪心，懂得見好就收，這樣才能守財。

投資理財上，進退有守，投資項目要找自己熟悉的項目或範圍，避免被他人利用，財務上盡量不背書。龍年偏財、意外之財多，投資理財有機會賺得意外的獲利，一定要妥善規劃，減少破財就是守財。

屬龍的朋友，今年多接觸喜事，一喜擋三災，多接觸快樂的人事物，讓你擁有好運能量。

在人際關係方面，做事要懂得圓融，避免介入他人是非或紛爭中，不要花太多時間投入交際應酬中，遠離是非之人，凡事低調，避免被他人利用。

在龍年當中，面對困境能夠積極面對，勇敢嘗試新作為，人生遇到困境時，能夠念轉之後，就會有契機。

感恩珍惜當下的生活，珍惜身邊的朋友，結交朋友用真心，對於只是利益為重的朋友，要有所覺悟與警惕，減少接觸，避免被利用而傷心。

偏沖太歲

偏沖犯太歲的生肖，有屬狗、屬牛、屬兔的朋友。

偏沖太歲屬狗的朋友，今年龍年對屬狗的朋友來說，衝擊比較大，容易遇到轉換工作或者搬家、結婚或分離的事情。

今年龍年感情運勢受到比較大的影響，許多人在沖太歲的時候，正好遇到了感情的變化，要特別注意不進則退的問題，已經有伴侶但是沒有計劃要結婚的人，可能會出現感情上重大的衝擊，聚少離多會讓感情生變，所以如何維持感情的溫度是非常重要的課題。

單身者在今年遇到新對象時，感情比較難以穩定的發展，在沖太歲之年出現感情時，最好多花一點時間了解對方，多相處，才能傾向於穩定的發展。

在龍年偏沖太歲時，工作上要細心，態度積極，多運用紅色開運色，可化解辦公室的衝突與紛爭。另放些金色的裝飾品或是開運小物在辦公桌上，也可增加人際關係上的好運氣。

偏沖太歲屬狗的朋友，建議可以在辦公室中，或是家中書房、臥房懸掛或擺放藥師佛轉運祈願玲瓏，在藥師佛轉運祈願玲瓏球中，放入寫上名字的小紅紙，玲瓏轉動，祈福轉動健康好運能量，消除災厄，防止厄運纏身，化解災厄，遠離小人，提升運勢，保佑事業順利，健康平安。

偏沖太歲屬牛的朋友，在龍年要多注意與朋友反目成仇的狀況，太多的紛爭或利益的糾結，讓朋友之間的關係生變，不管是商業被利用的關係，或是錢財被詐騙，都是關係上產生紛爭撕破臉的狀態。對於人與人之間的信任，產生質疑，擔心害怕被他人欺騙，而戰戰兢兢過日子。

龍年要注意口舌之爭，避免說錯話傷人，或與他人起爭執而引發官司，切記禍從口出。

偏沖太歲的人，平常攜帶平安玉扣，便能夠逢凶化吉保平安。

也可以在臥室或床邊懸掛或擺放觀世音菩薩轉運祈願玲瓏，在觀世音菩薩轉運祈願玲瓏球中，放入寫上名字的小紅紙，玲瓏轉動，祈福轉動平安好能量，增強事業好運，啟動好能量，化解紛爭困境，提升整體運勢，保佑平安，增強開運，迎得好運。

也可以在床邊或是辦公室桌上擺放玉石或是綠色的裝飾品，有利於提升整體運勢，化解沖煞。

偏沖太歲屬兔的朋友，龍年屬兔的朋友，偏沖太歲算是輕微，只要多加注意身體健康上的問題，勤運動，保持健康能量，避免小人，則可平安。

龍年少說話，多做事，避免引起不必要的紛爭。

龍年要特別注意財運破財的問題，減少開銷與花費，減少購物是非常重要的課題，避免因心情不佳，而想要消費的心理，很容易在花錢當下快樂，花錢付帳單時，有痛苦的出現。

想要有好的桃花或人際關係，可以在家中化妝台或是書桌上放上「觀世音菩薩甘露淨瓶水」，或是擺放紅色的蝴蝶結裝飾品，可以化解爛桃花或是感情的不平順。

想要化解紛爭，可以在家中客廳或廚房擺圓球狀的黑曜石，可以幫助化解紛爭，提升人際關係和諧。

龍年開運色

龍年開運色：紅色為主、金色為輔。

我們都需要用一點點的顏色來幫助我們開運，如果在顏色上面使用得宜的話，有的時候對我們的運勢會有相當大的幫助。

例如說你如果知道紅色、金色是龍年的開運色，當你發現自己的運勢不那麼好的時候，你可以身穿紅色、金色的衣服，或是攜帶一點紅色、金色的飾品，多接觸有紅色、金色的地方，都是你可以提升好運氣的地方。只要有紅色、金色的顏色，都是可以幫助大家提升自己整體的運勢。

所以，我們可以利用開運色，來提升自己的運勢。

家中要提升家運的話，也可以在客廳擺放一些紅色、金色的裝飾品或是掛飾，對我們的家運也會有幫助的作用，所以龍年，我們可以在家裡擺放紅色、金色的裝飾品或是紅色、金色地墊、抱枕，都可以幫助運勢提升的。

所以，紅色、金色對我們來說，是龍年重要的開運色。

紅色、金色可以幫助整體運勢的提升。

在龍年只要是紅色、金色的飾品、物品，都能夠幫助到你提升自己的整體運勢。

建議大家在客廳中擺放藥師佛轉運祈願玲

瓏或觀世音菩薩轉運祈願玲瓏，有利於化煞，並可以幫助提升家運保平安，增加財運豐收的機會。

流年財位

在財運方面，龍年財位落在正北方的位置上，你可以依照家中的位置，去找出正北方，或是依照客廳的劃分，找出客廳的正北方。

龍年流年財星八白星進入正北方，地運轉變，財運吉星是力量最強的一年，在正北方位置要保持乾淨沒有雜物，否則會阻礙財星運氣的進駐，我們也可以利用正北方做催財進財的動作。

龍年的財運，財位方面，除了擺放聚寶盆之外，聚寶盆上也可以放上一個菩薩加持的葫蘆，葫蘆上綁上一個紅色或金色蝴蝶結，有利鴻運運轉。

今年龍年在財位正北方上，放置一對花生裝飾品，可以交叉上下擺放，可以吸引財運，讓生活財運好事發生，也讓很多正在進行的財運之事，能夠有所發酵，翻轉好運。

龍年財位在正北方，五行屬土，因火生土，所以財位上可以放紅色、金色開運物，或放置紅色、金色地墊催旺財運，建議龍年在財位上多擺放紅色、金色的物品，也可以在財位上擺放藥師佛轉運祈願玲瓏或觀世音菩薩轉運祈願玲瓏。

今年財位正北方，可以放置一個發財寶盒，之前有跟大家結緣過發財寶盒，發財寶盒中放入紅紙寫的個人及家人生辰，放入隨身寶物、紅色、金色的裝飾品和一個紅色蝴蝶結，紅色蝴蝶結一定要自己綁，然後放入發財寶盒當中，代表著財運發達，拓展好的人際關係與財運網絡。

發財寶盒很重要，為你收納財氣，招福招

財。

開運木盒子，可以放置到正北方，這個木盒子裡面擺放著金元寶，若是前幾年都沒有跟著做的朋友，現在可以準備一個木盒子，有蓋子的，裡面放上金元寶，可吸取更多的財氣。

龍年木盒子上面要黏上紅色、金色的裝飾品，可以去除厄運，招致福氣，木盒子就像寶藏盒一樣，在底部先放入一張紅紙，紅紙上寫著全家人或是自己的姓名、生辰八字，然後再裝入數個金元寶，這個金元寶是要有重量的，不可以用塑膠材質的金元寶，就像我們放在聚寶盆裡面的金元寶一樣，是有一些重量的，然後把金元寶放在木盒子裡面放滿，放在正北方，可以幫助財氣與喜慶之氣提升，讓全家人的好運都能夠跟著這個寶藏盒木盒子而能夠有所提升。

另外，在正北方的財位上，還可以放上白色的陶瓷容器，大家可以把福袋贈送的「觀世音菩薩甘露淨水瓶」放在財位上，若是放上綠色的「觀世音菩薩甘露淨水瓶」，記得在瓶子蓋子上方擺放一個金元寶，會進行財運上的充電與增加，出門可以將綠色的「觀世音菩薩甘露淨水瓶」隨身攜帶，可以增加財氣財運。

正北方財位上放上瓷器容器裝水，可以進行催財，大家不妨放置「觀世音菩薩甘露淨水瓶」，對財運有大大提升的作用。

桃花星

龍年正東方為桃花位，桃花位需要水，可以擺放水種植物、鮮豔的花朵或是粉水晶。尤其家中若是有人想要桃花緣份，可以在正東方綁上五色線，之前有結緣五色線，可以綁在正東方的地方，單身的朋友，龍年多彩色有利於桃花開展，多彩繽紛的顏色，都助於桃花開。

想要桃花運的朋友，木盒子中底部放置粉

紅水晶，上方放上金元寶，想要婚嫁的朋友，就在木盒子上方放置一個紅色的蝴蝶結，木盒不要全關上，讓金元寶卡住木盒上蓋，讓桃花進來。

已婚的朋友，則可以在正東方多擺放木質顏色或是咖啡色的物品，可以幫助穩定兩性關係與感情，讓感情穩定發展。

喜慶星

因為龍年已踏入九運，九紫星為喜慶星，想要婚嫁或懷孕求子，可以在西南方放置一個木盒子，因龍年西南方為喜慶星位置，也可以放上大葉盆栽、果實植物，提升喜慶星運勢。

想要懷孕生子的朋友，可以在木盒子上方黏上一朵蓮花或是放置一顆蓮子，都有助於寶寶快降臨到家中。

也可以在西南方位置上放置小嬰兒的鞋子，有利於孩子快快到你家。

在坐旺家運方面，在家想要讓自己的家運提升的話，可以在家裡的西南方，擺放紅色、紫色、綠色的裝飾品，可以幫助自己的家運平穩，坐旺家運、家人平安，因為喜慶星入主西南方，也象徵著好事都會降臨。

開運葫蘆放置中宮或客廳，可以化解災厄，祛除邪惡，也可以防止家中有厄運或是小人陷害，有葫蘆化解困境，就能逢凶化吉，吸取好運氣，摒除厄運晦氣，葫蘆上綁上紅色或紅色蝴蝶結，招來好運，驅除厄運。

龍年西南方喜慶位置，不宜放上黑色、灰色等物品，容易讓喜慶位置蒙上陰影，喜氣星運無法旺入宅邸。

病星

龍年東南方主掌身體健康的運氣，主掌身

體健康的運勢，建議擺放或懸掛藥師佛轉運祈願玲瓏。

想要擁有健康上的好運氣，可以在東南方放上木盒子或金屬銅製品，有利於除去病氣。

葫蘆綁上金色蝴蝶結，若放在東南方位置，則有利於身體健康，也可以在東南方放金色銅鈴，化解災厄進入家中，提升家運，而且可以幫助家人身體健康。

東南方放置金色、銅製有重量的裝飾品，之前菩薩加持的金算盤，大家可以放置在家中東南方，可以讓身體健康，還可以擋煞化災。

放一些銅製品，金色的裝飾品，或是金色的鐵製品、金屬製品，或放金色的抱枕、金色的地墊，都可以讓自己的身體健康運勢更好。

建議在東南方放上一個金色地墊，地墊下方黏上九個一元硬幣，化解病氣，提升健康運。

擺放一元或五十元硬幣，數量不限，擺放於門口鞋櫃下方，也有利於全家人的健康運。關於健康方面，因病星入主東南方，所以不可以在自己家裡的東南方放置水性的東西，例如魚缸、水耕植物，也不可以在家中東南方擺上綠色的裝飾品，會帶旺病星。龍年家中東南方最好不動土，避免讓病星人起，容易生病，並引起健康上的問題。

破軍星

因為龍年破軍星來到了正南方，容易會有破財或是有官司的問題，所以正南方位置不可以催旺，不可以擺放雜物或回收用品，催旺的話會有不好的事情發生，會損家運，可以放置藍色物品，可以讓氣場穩定，化解對立或肅殺之氣。

不宜放水耕植物或風鈴，容易引起紛爭或是小人出現。

在工作方面，有關於工作運勢方面的就是文昌星跟武曲星了。

先談談文昌星，文昌星龍年方位在西北方。

文昌星影響著考試運、升職運，或是想要增加工作運的朋友，可以多擺放藍色跟綠色的飾品在桌上。

文昌筆上綁上綠色或藍色的蝴蝶結，你可以在書桌上面放上綠色或藍色的裝飾品，對你來講都是很有幫助的。

想要考試、升遷的朋友，都可以在文昌位上，擺放一支毛筆，筆上綁上綠色或藍色的蝴蝶結，或者是在唸書求學的同學們，在鉛筆盒內擺放迴紋針十二個，而這十二個迴紋針要環環相扣，把它們扣住在一起，形成一個環，這樣能夠幫助自己在唸書跟升遷上面，能夠更有穩定性，而能夠一直增加自己的意志力，不斷勤勞願意付出去唸書，或是增加自己文職升遷的運勢。

文昌的地方不要放黑色、黃色的裝飾品，忌黑。

龍年還可以將綠色「觀世音菩薩甘露淨水瓶」放置在西北方文昌位上，也有利於考試進修、升官升遷。

這是文昌位的開運方法。

武曲星，今年武曲星在東北方，可在東北方位置上擺放金色、貔貅等物品。

武曲為主掌權位、擔任保護工作性質，或是常要外出走動的人、技術性勞動的人，或是他的工作類型是需要保護別人的人，例如：警察、執勤人員、軍人等等，都可以在自己的辦公室幫助自己開運。

想要催旺事業，武曲星必須要好，就能帶動工作上的好運。

記得龍年不要在武曲位東北方，放上橘色和紅色的飾品，這二個顏色的飾品，會限制到武曲星的發展。

那麼要催旺武曲星，有一個開運方法，就是擺放金色的扇子或是放上白色的石頭，或是放置白色的「觀世音菩薩甘露淨水瓶」，甘露淨水瓶身上有金色的觀世音菩薩佛像，對催旺武曲星也非常有幫助，另外，也可以擺放水栽植物，以利於流動性的發展。

其他注意事項

是非星進入中宮，所以要小心官司、鬥爭、小人、是非的情形。

中宮是非星不宜放藍色、綠色物品。

中宮也忌水，所以不可以有流動性的物品，例如魚缸，或是養魚，或是水栽植物。

中宮可多用紅色化解是非星，用紅色滅掉是非星的氣場，可放置紅色裝飾品，或放置紅色地墊來化解。

放上紅色，可滅是非星，可以防小人、防官司的產生。

若是有小人的朋友，可以用紅包袋剪一個正三角形，雙面都紅色，將三角形貼在中宮的牆壁上，可以防止小人找麻煩。

災星主疾病與災禍，代表著意外、傷害或死亡。龍年災星入主正西方，災星比病星更厲害，所以正西方切忌放紅色、黃色物品，也不可以在正西方放置躺椅，容易讓人生病或是懶散不想做事，影響了事業運。

建議可以在正西方放上五帝錢，化解五黃凶煞災星。

大家拿到的財神爺招財嘎烏上有五帝錢，可以裝飾在正西方，制鎮災星。

龍（辰）

西元一九二八年（民國十七年）九十七歲
西元一九四〇年（民國二十九年）八十五歲
西元一九五二年（民國四十一年）七十三歲
西元一九六四年（民國五十三年）六十一歲
西元一九七六年（民國六十五年）四十九歲
西元一九八八年（民國七十七年）三十七歲
西元二〇〇〇年（民國八十九年）二十五歲
西元二〇一二年（民國一〇一年）十三歲
西元二〇二四年（民國一一三年）一歲

蛇（巳）

西元一九二九年（民國十八年）九十六歲
西元一九四一年（民國三十年）八十四歲
西元一九五三年（民國四十二年）七十二歲
西元一九六五年（民國五十四年）六十歲
西元一九七七年（民國六十六年）四十八歲
西元一九八九年（民國七十八年）三十六歲
西元二〇〇一年（民國九十年）二十四歲
西元二〇一三年（民國一〇二年）十二歲

馬（午）

西元一九三〇年（民國十九年）九十五歲
西元一九四二年（民國三十一年）八十三歲
西元一九五四年（民國四十三年）七十一歲
西元一九六六年（民國五十五年）五十九歲
西元一九七八年（民國六十七年）四十七歲
西元一九九〇年（民國七十九年）三十五歲
西元二〇〇二年（民國九十一年）二十三歲
西元二〇一四年（民國一〇三年）十一歲

羊（未）

西元一九三一年（民國二十年）九十四歲
西元一九四三年（民國三十二年）八十二歲
西元一九五五年（民國四十四年）七十歲
西元一九六七年（民國五十六年）五十八歲
西元一九七九年（民國六十八年）四十六歲
西元一九九一年（民國八十年）三十四歲
西元二〇〇三年（民國九十二年）二十二歲
西元二〇一五年（民國一〇四年）十歲

猴（申）

西元一九三二年（民國二十一年）九十三歲
西元一九四四年（民國三十三年）八十一歲
西元一九五六年（民國四十五年）六十九歲
西元一九六八年（民國五十七年）五十七歲
西元一九八〇年（民國六十九年）四十五歲
西元一九九二年（民國八十一年）三十三歲
西元二〇〇四年（民國九十三年）二十一歲
西元二〇一六年（民國一〇五年）九歲

雞（酉）

西元一九三三年（民國二十二年）九十二歲
西元一九四五年（民國三十四年）八十歲
西元一九五七年（民國四十六年）六十八歲
西元一九六九年（民國五十八年）五十六歲
西元一九八一年（民國七十年）四十四歲
西元一九九三年（民國八十二年）三十二歲
西元二〇〇五年（民國九十四年）二十歲
西元二〇一七年（民國一〇六年）八歲

狗（戌）

西元一九三四年（民國二十三年）九十一歲
西元一九四六年（民國三十五年）七十九歲
西元一九五八年（民國四十七年）六十七歲
西元一九七〇年（民國五十九年）五十五歲
西元一九八二年（民國七十一年）四十三歲
西元一九九四年（民國八十三年）三十一歲
西元二〇〇六年（民國九十五年）十九歲
西元二〇一八年（民國一〇七年）七歲

豬（亥）

西元一九三五年（民國二十四年）九十歲
西元一九四七年（民國三十六年）七十八歲
西元一九五九年（民國四十八年）六十六歲
西元一九七一年（民國六十年）五十四歲
西元一九八三年（民國七十二年）四十二歲
西元一九九五年（民國八十四年）三十歲
西元二〇〇七年（民國九十六年）十八歲
西元二〇一九年（民國一〇八年）六歲

鼠（子）

西元一九二四年	（民國十三年）	一〇一歲
西元一九三六年	（民國二十五年）	八十九歲
西元一九四八年	（民國三十七年）	七十七歲
西元一九六〇年	（民國四十九年）	六十五歲
西元一九七二年	（民國六十一年）	五十三歲
西元一九八四年	（民國七十三年）	四十一歲
西元一九九六年	（民國八十五年）	二十九歲
西元二〇〇八年	（民國九十七年）	十七歲
西元二〇二〇年	（民國一〇九年）	五歲

牛（丑）

西元一九二五年	（民國十四年）	一〇〇歲
西元一九三七年	（民國二十六年）	八十八歲
西元一九四九年	（民國三十八年）	七十六歲
西元一九六一年	（民國五十年）	六十四歲
西元一九七三年	（民國六十二年）	五十二歲
西元一九八五年	（民國七十四年）	四十歲
西元一九九七年	（民國八十六年）	二十八歲
西元二〇〇九年	（民國九十八年）	十六歲
西元二〇二一年	（民國一一〇年）	四歲

虎（寅）

西元一九二六年	（民國十五年）	九十九歲
西元一九三八年	（民國二十七年）	八十七歲
西元一九五〇年	（民國三十九年）	七十五歲
西元一九六二年	（民國五十一年）	六十三歲
西元一九七四年	（民國六十三年）	五十一歲
西元一九八六年	（民國七十五年）	三十九歲
西元一九九八年	（民國八十七年）	二十七歲
西元二〇一〇年	（民國九十九年）	十五歲
西元二〇二二年	（民國一一一年）	三歲

兔（卯）

西元一九二七年	（民國十六年）	九十八歲
西元一九三九年	（民國二十八年）	八十六歲
西元一九五一年	（民國四十年）	七十四歲
西元一九六三年	（民國五十二年）	六十二歲
西元一九七五年	（民國六十四年）	五十歲
西元一九八七年	（民國七十六年）	三十八歲
西元一九九九年	（民國八十八年）	二十六歲
西元二〇一一年	（民國一〇〇年）	十四歲
西元二〇二三年	（民國一一二年）	二歲

幸運數字：2、8
幸運色：綠色

生肖屬鼠的朋友

西元一九二四年	（民國十三年）	一〇一歲
西元一九三六年	（民國二十五年）	八十九歲
西元一九四八年	（民國三十七年）	七十七歲
西元一九六〇年	（民國四十九年）	六十五歲
西元一九七二年	（民國六十一年）	五十三歲
西元一九八四年	（民國七十三年）	四十一歲
西元一九九六年	（民國八十五年）	二十九歲
西元二〇〇八年	（民國九十七年）	十七歲
西元二〇二〇年	（民國一〇九年）	五歲

開運錦囊

人際關係吉藏凶
低調能守福德中
長輩家宅需用心
運勢增強福壽佑

鼠
牛
虎
兔
龍
蛇
馬
羊
猴
雞
狗
豬

龍年運勢運程

農曆一月

健康

心情能夠愉快，摒除負面能量，身體與精神都在最好的狀態，本月心情好，身體也能健康，建議多補充睡眠。

財運

財運平穩，做事中規中矩，有好的表現，就會受到認同。上班族表現需要努力，可以獲得老闆的賞識，有滿意的加薪跟小小的財運。

感情

有機會透由長輩或朋友的介紹，遇上合眼緣的對象，可以先從朋友了解溝通開始，多吃紅豆或是紅色食物對感情運有幫助。

事業

小心口舌之爭，勿與他人起爭執，多注意人際關係溝通。宜作《開運大補帖》一書所教的小人罐避免小人陷害，多做貴人卡，有貴人相助。

運勢運程月份小叮嚀

本月有貴人相助，凡事做好準備即可順利過關，遭人背後攻擊也不要害怕，花點時間耐心應對，運勢就能趨於平穩。調整心態跟作息時間。

健康

健康方面，減少應酬，安排正常作息，擁有充足的睡眠，才能夠從事其他事情。保持心境上的開朗，對健康有幫助。

財運

吸收別人成功或失敗的經驗。本月有偏財運，工作不太忙碌，可以安排一個假期讓自己身心靈放鬆，不過可要注意財運上的規劃，不要因為旅遊而大破財。

感情

遇到一見傾心的對象，不要急著做決定，多觀察對方，給對方一點時間相處，最好先從瞭解對方家庭開始。以平常心面對，會較有驚喜。

事業

在工作的表現上大受好評，表現出色優秀，個人魅力十足，願意主動幫他人分擔工作內容，可以增加事業運，外出走走，增強自己的好能量。

運勢運程月份小叮嚀

本月不宜進行劇烈的運動，多接觸大自然，會讓自己擁有向上積極的好能量，成功機率大增。本月壓力比較大，容易產生負面的想法，建議你先找回自己生活的重心，穩定心情。

鼠 牛 虎 兔 龍 蛇 馬 羊 猴 雞 狗 豬

農曆三月

健康

健康方面，多做運動控制體重外，飲食要均衡，清淡飲食，建議少鹽少油少糖，日常生活作息、三餐正常，避免胃食道逆流跟胃潰瘍。

財運

財運低迷，破財運大。朋友向你尋求金錢上的協助，要三思而後行，避免有破財的可能。可以多吃黃色的食物，避免破財。

感情

相處時應該要多忍讓，避免意見分歧，尋找共同的平衡點，多些體諒，多些感恩，就能看見感情中的美好。避免常為家中小事與伴侶發生爭執。

事業

本月工作態度要積極，勿偷懶、勿濫用職務便利性做自己的事情，這樣會影響到工作的進度與運勢，注意不要在工作中樹立敵人。

運勢運程月份小叮嚀

本月不要輕易發脾氣，否則情緒會影響你的重大決定，讓事情有所延宕。本月的腸胃較弱，拒絕油膩的食物，飲食要注意清淡。

健康

本月的健康方面，大致平穩順暢，身體方面如果出現莫名其妙的疼痛，記得不要亂服用止痛藥，避免身體腎臟負擔過多。

財運

想要創業的人、增加財運的人，可以多吃鳳梨，幫助財運亨通，提升財運。財運方面，不要人云亦云，會白白破財，投資理財要有自己的想法。

感情

夫妻關係陷入冷戰僵局，建議趕快溝通化解誤會，可以得到對方熱切的回應。已有伴侶或對象的朋友，可以邀請一起去看電影，增加兩人的感情，未婚者帶心型的飾品在身上。

事業

工作上的繁複，讓心理壓力大增，學習放鬆心情，才能對事業有幫助。事業運能否順暢，主要是要看人際關係是否能夠有所改善。多吃巧克力有幫助。

運勢運程月份小叮嚀

本月要注意情緒，避免因為情緒的複雜而影響到自己的判斷力。避免犯錯的一個月，設定目標，努力向前。處理事情需要謹言慎行，本月是非常需要謹慎的一個月。

農曆五月

健康

平常只要多注意身體的保健、保養，多留意手腳、關節受傷的狀況，其他並沒有大礙。建議養成運動的習慣，對自己的身體健康有幫助。

財運

本月有劫財之象，對於投資理財方面，勿聽他人建議而做投資理財動作，中長線的投資理財比較適合，最好自己做好財務上的規劃。

感情

關係穩定，兩人感情融洽，能夠多對愛情有一些耐心，便能夠得到相同愛的回應，互相關懷，讓對方感受到滿滿的愛。感情發展要先建立好基礎。

事業

職位提升之後，工作壓力相對增加，工作產生壓力，讓你感受到焦躁的情緒，要學習穩定脾氣與心情，不要讓情緒影響工作能力的表現。

運勢運程月份小叮嚀

壓力變大，心情不好，不妨請朋友跟你一起外出旅遊。工作職場上需要注意人際關係的變化，對人真心，得到也真心，注意自己的心情。

農曆六月

健康

在健康方面，多留意行車安全，避免因為車輛碰撞而受傷，注意自己內心心理紓壓的部分，不要將過度悲傷的情緒留置於心中太久。

財運

本月財運很活躍，建議你外出走動可以為自己帶來財運，在做生意的時候，容易有業務過失，凡事要小心翼翼，避免成本開支上升而造成破財。

感情

未婚的朋友想要增加感情運勢，可以於農曆初七、十七、二十七吃蘋果，可以增加姻緣桃花運。對於感情要能夠放得開，這樣才能終結單身，找到適合的另外一半。

事業

上司對自己照顧有加，工作學習方面有進展，努力爭取表現的機會。無論從事什麼樣的工作內容都要用心專注，願意嘗試與面對新挑戰。

運勢運程月份小叮嚀

建議在本月可以做一些身體健康檢查，突然心血來潮很想去從事某些活動，都可以盡情的去做，堅持毅力，做事有恆心，什麼事情對你來說都容易成功。

鼠 牛 虎 兔 龍 蛇 馬 羊 猴 雞 狗 豬

健康

多關心家人身體健康及其情緒。多吃低膽固醇食物及預防糖尿病，注意體重的增加，減少糖分的攝取，盡量不要喝含糖飲料，避免造成身體上的負擔。

財運

工作上有出差的機會，對個人財運有幫助，多吃番茄或是紅色食物有幫助。在財運方面，一定要量入為出，做好財務上、經濟上的成本控制。

感情

多吃紅色食物，有助於自身桃花運勢的提升，迎向大自然也會有機會。本月桃花運旺，可以開啟遠距離戀愛。

事業

建議在工作上，不要多管閒事，避免惹禍上身。事業運有轉換環境的機會，勇於接受挑戰，對自己未來有晉升的大好時機，提升事業運可以多吃鳳梨。

運勢運程月份小叮嚀

本月要提防人事爭鬥，注意人際關係，不要與人發生口舌之爭，情緒一發不可收拾，避免造成無法挽救的傷害。注意財運上的破財，不宜做任何投資理財的動作。

健康

本月要注意控制體重，避免體重上升，不要過度攝取糖類跟澱粉，在飲食方面也要努力做改變，注意筋骨痠痛與頭痛頭暈的問題。

財運

避免貪心而惹禍上身，避免破財，可以在財位放上黃豆，黃豆用紅包袋裝起來，這是防止破財的方法。本月財運要保守，避免財來財去，高風險投資要小心。

感情

已婚的朋友，身邊出現爛桃花，要特別注意到，與異性相處的時候，不要有過多的肢體接觸，避免他人誤會。單身者，工作壓力過大，無心戀愛，把專注力放在工作上吧！

事業

工作上沒有太多的變動，也沒有較多的表現機會，但是願意接受當下的變化，便是提升工作運的開始。謙卑學習，保持工作熱忱，工作運可以提升。

運勢運程月份小叮嚀

處於變化較大的一個月，凡事三思而後行，就可以度過難關，拿出積極面對的勇氣，可以讓事情有轉圜的餘地。工作運勢是較多變卦的一個月，故謹言慎行，行事不宜高調，以免遭受別人的攻擊。

健康

為了身體健康，多到郊外接觸大自然，呼吸新鮮空氣，例如：瑜珈、太極或是打坐冥想等放鬆運動，對自己的身心靈都有幫助。你的身心靈都需要放鬆。

財運

建議不宜與朋友合夥做生意，容易產生爭執或是帳目不清的情況，財務方面還是自行處理與規劃。本月增加財運的方法，保守穩重的財務策略，對自己增加財富有很大的幫助。

感情

本月感情產生摩擦爭執，因為工作過度、壓力太大而冷落另一半，多溝通，可以減少感情上的爭執，彼此要多忍讓，多做溝通，可以減少衝突。

事業

工作有些沮喪，會有想轉職的想法，建議再三考慮，不要衝動做決定。工作上因為溝通不良，容易惹來別人的抱怨，虛心接受他人的批評。

運勢運程月份小叮嚀

本月可以用艾草條淨化自己家裡的磁場，讓家裡磁場維持在好的運氣場中，多外出走走，多曬太陽，對新陳代謝很好。將家中不要的東西清理乾淨，也有助於家中的磁場。

健康

做身體健康檢查，飲食務必要小心衛生安全，避免禍從口入。健康運大吉，什麼事情都不用擔心，開開心心的每天都有健康上的好能量。

財運

財運稍稍穩定。上班族表現出色，終於獲得老闆的賞識與肯定，有望獲得滿意的加薪，凡事謹慎，財運能夠有提升的機會。

感情

未婚者可以多參加喜宴，或是吃喜餅，可以增加自己的桃花運。與伴侶早有結婚打算，本月可以開始計劃。已婚者，可把握機會懷孕生子，開枝散葉。

事業

職場雖然辛苦，不要害怕變化，變化即是有機會，落實需要執行的業務，才能夠有令人有預期的結果，努力的付出，一定會有好的結果。

運勢運程月份小叮嚀

做事情要持之以恆，不要輕易放棄，做事情要對自己負責任，當一切都不夠美好的時候，一定要懂得反省自我，檢討之後，你就可以變得更好。

健康

本月要注意心情，不要過度擔憂還未發生的事情，身體方面有些小毛病，建議一定要記得看醫生找出病因，不宜敷衍，也不宜亂服用成藥。

財運

本月財務上面有點吃緊，財務上如果希望走上軌道，要懂得迎接挑戰，接受更多的挑戰。賺錢不容易，所以要量力而為，千萬不要打腫臉充胖子。

感情

本月感情會受到衝擊，建議多觀察、多花時間了解對方。遇上合眼緣的對象，不妨多加留意。本月在表達感情方面，不宜太過激進，容易嚇到對方。

事業

正在執行的計畫，需要更多耐心，必然有好的收穫。工作上言多必失，小心說話，顧及別人的感受，事業上的決定不要衝動。

運勢運程月份小叮嚀

本月健康會出現小毛病，尤其留心腸胃的問題，外出飲食要注意衛生，盡量減少外食的機會，避免影響腸胃的問題。人際關係受到困擾的一個月，與人相處時，態度要更加謙卑，避免衝突。

健康

本月健康方面要注意跌倒受傷的情況，地上不要堆放雜物，容易有血光之災，建議你可以於農曆初一那天，去捐血或是拿針刺食指一針，擠出一滴血，可以破除血光之災。

財運

本月主動尋找投資理財的機會，對自己金錢財運增加有幫助。日常生活當中有一些開銷需要做些調整，避免到大賣場去購物，因為失心瘋而破財。

感情

遇到合眼緣的朋友，先從朋友關係做起，多花時間了解溝通，培養感情。初嚐戀愛經驗的人，可以在工作場合多留意身邊人，尋找心儀的對象。

事業

工作有升遷的機會，要好好把握、表現機會。與同事之間的相處，為人低調，盡量謙卑，以免流言蜚語影響個人的工作情緒跟工作上的表現。

運勢運程月份小叮嚀

懂得為自己說出的話負責任，說到一定要做到，重視承諾，讓別人感受到重視，別人也會同樣真心對你付出。做事遇到波折，決定事情需要審慎三思，由於財運不穩，投資亦有損害。

牛

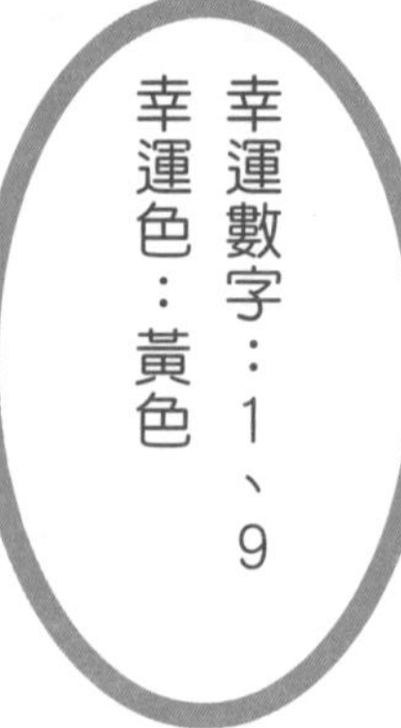

幸運數字：1、9

幸運色：黃色

開運錦囊

福星高照貴人來
無有擔心心為寬
吉氣迎門祥瑞降
福祿顯達祥四方

生肖屬牛的朋友

西元一九二五年	（民國十四年）	一〇〇歲
西元一九三七年	（民國二十六年）	八十八歲
西元一九四九年	（民國三十八年）	七十六歲
西元一九六一年	（民國五十年）	六十四歲
西元一九七三年	（民國六十二年）	五十二歲
西元一九八五年	（民國七十四年）	四十歲
西元一九九七年	（民國八十六年）	二十八歲
西元二〇〇九年	（民國九十八年）	十六歲
西元二〇二一年	（民國一一〇年）	四歲

龍年運勢運程

農曆一月

健康

健康良好，注意情緒低落的問題，建議與志同道合的朋友傾訴，或是聊天談心，即可解除心底的鬱悶，好朋友可以幫助你正向思考。

財運

財運方面，做好開源節流的動作，在工作上的財運易生波折，容易遭受到小人的陷害。多攜帶金色物品在身上可以提升財運。

感情

本月的桃花略微遜色，感情在原地踏步。想要尋求感情的增溫，可以多吃巧克力，增加對愛情的信心，多接觸感情好的情侶或是佳偶。

事業

工作賦予你重任，給予你一些新的挑戰，事業運提升，不需要太擔心，只要能夠勇敢面對即可。遇到挫折，不要心生抱怨，避免口舌是非。

運勢運程月份小叮嚀

健康上要注意腸胃炎，宜多休息。桃花部分，多留意身邊的異性。注意頭的外傷，工作運出現波折，但不要過度沮喪，會影響到運勢，凡事都有新的發展變化，要能夠學習接受與理解。

鼠 牛 虎 兔 龍 蛇 馬 羊 猴 雞 狗 豬

農曆二月

健康

注意健康上的失眠問題，找出失眠的原因，並且配合運動，維持身心靈的放鬆。失眠又有情緒的問題，容易形成惡性循環。

財運

金錢運旺，表現非常的美好，雖然有一些意外的發生，但因為你的用心，留心成本控制外，還可以增加盈餘，能夠精準掌握投資的目標。

感情

單身的朋友有機會遇到心儀的對象，暫時多相處，不宜過份投入。在感情當中，可能會產生厭倦的感覺，感情上互相包容理解對方，多關心對方。

事業

工作上遭受到同事的排擠，有人故意刁難你，建議不要輕舉妄動，不要輕易做出轉換工作的決定，懂得克服，解決問題，才有機會進步。

運勢運程月份小叮嚀

本月若是有認識新朋友，建議要多熟識之後，才對對方打開心房，否則應該還是要有所保留，不要把自己的小秘密全部告訴對方，避免對方有心或是有機會可以傷害你。

健康

為了健康，飲食盡量清淡，少吃甜食，與減少油類的負擔。精神一旦緊張，睡眠便不足。多喝水，多運動，可以幫助身體循環代謝提升。

財運

理財要有耐心，小心翼翼，增加財運。為自己設定財務的目標，能夠提昇自己的財務狀況，想要好運吃黑糖。

感情

由於桃花星的影響，本月的桃花處處開，小心魅力四射，而遭受到麻煩追求者的騷擾。想要讓感情增溫，可以多吃豆花，男女皆適用。已經有伴侶的朋友，要懂得控制自己的感情。

事業

工作上有加薪的機會，人際關係和諧，同事之間相處融洽，有較多的應酬機會，代表受到他人重視，可以把握機會。

運勢運程月份小叮嚀

本月做事要腳踏實地，而對真實的自我，不需要刻意討好他人。想要增加人際關係和諧，可以在辦公室桌上放置紅色的紙鎮。

農曆四月

健康

健康方面，貼身的物品都必須要保持乾燥跟清潔，不隨意亂用來路不明的藥品。有身體不舒服的情況要記得去看醫生，不要亂服用成藥，避免造成身體上的負擔。

財運

本月錢財是個考驗，如何開源節流，更是重要，好好的規劃自己財務分配的狀況，無論正財或偏財，財運上有貴人出現，但對貴人不宜太過吝嗇。

感情

感情可以給予對方一點小驚喜，對方會感受到非常開心的氣息。感情提升，桃花運開，多關心對方，感情升溫。不要太過專注在事業上，要懂得多關心對方。

事業

事業發展順利，能夠大顯身手。事業運一帆風順，整體運勢發展良好。情緒跟工作要分開來，不要因為情緒而影響工作表現。

運勢運程月份小叮嚀

想要提振更好的運勢，可以多接觸綠色，提升自己的運氣，穩定自己的情緒，對自己會有很大的幫助。外出旅遊或是外出逛街，都有助於運勢的提升。

健康

健康方面要注意個人情緒，容易鑽牛角尖，心情要放輕鬆，建議不妨多接觸大自然，外出走走，千萬不要過度擔憂，心情容易影響生理。

財運

本月喜事多，沒有錢就儘量少花錢，量入為出很重要。金錢上的調度，自己的帳務自己要處理，讓自己財運更加穩定，心情也要穩定。

感情

本月在感情方面宜保守，不宜太過激進。有對象的朋友，感情會受到衝擊，建議多觀察、多花時間了解對方，兩個人的相處必須學會尊重對方。

事業

試著去接受不同的挑戰，這個月擁有極佳的判斷力，專注思考，邏輯力強，勇敢嘗試會有意想不到的收穫。

運勢運程月份小叮嚀

本月可以多接觸大自然，並且計畫外出旅遊的方式，幫助自己身心靈提升。十分穩定的一個月，控制好自己的情緒，基本上本月的運勢都是平穩向上的。

健康

本月留意天氣的變化，勿淋雨著涼。行車注意安全，邊開車不要邊看手機，以免發生危險。外出旅行小心水土不服。

財運

金錢財運非常的旺，努力賺錢就可以得到。投資理財，千萬不要假手他人，以自己決定為原則，本月的財運旺，買彩券有可能會中獎，多吃地瓜有助運勢。

感情

已經結婚的人，要注意關係的緊張，不要口出惡言，傷害對方。懂得表達自己的情緒感受，有機會多傾聽他人意見。

事業

不要因為別人的忌妒，而影響你的工作態度，事業需要耐心與毅力堅持，工作運持續好轉，工作能力大增，同事之間的相處和諧圓融。

運勢運程月份小叮嚀

想要獲得好的發展，可以試著在農曆初一和十五，吃一顆水煮蛋，可以讓自己各方面的運勢，有所突破和發展，吃水煮蛋的時候可以沾一些鹽巴，或是醬油，吃之前恭請南無觀世音菩薩九句，菩薩會助你一臂之力。

健康

運動前要足夠的熱身，並且不要超過自己能力範圍，而逞強做出自己無法做的事。在健康上，宜減少應酬，避免太過油膩或是外食，不利腸胃和消化系統。

財運

投資宜保守，凡事保守計畫，守住錢財最重要，不要輕易聽信他人的投資計畫，量入為出是必須要的經濟考量，要懂得量力而為。

感情

本月感情運勢平平，感情建議低調進行，小心等待，多吃紅色食物提升人際關係桃花運，少對另一半批評和抱怨，以免惹來無謂爭執。

事業

事業上要有心理準備，可能會遭受到攻擊。建議多吃番茄帶來工作上的好運氣。認同其他人的工作表現，也是一種肯定，也對自己有利。

運勢運程月份小叮嚀

對於已經決定好的事情，就不要輕易改變，避免讓別人手足無措。本月要注意情緒，建議你不要讓自己陷入沮喪的情緒當中，要趕快振作起來，快快恢復你的活力吧！

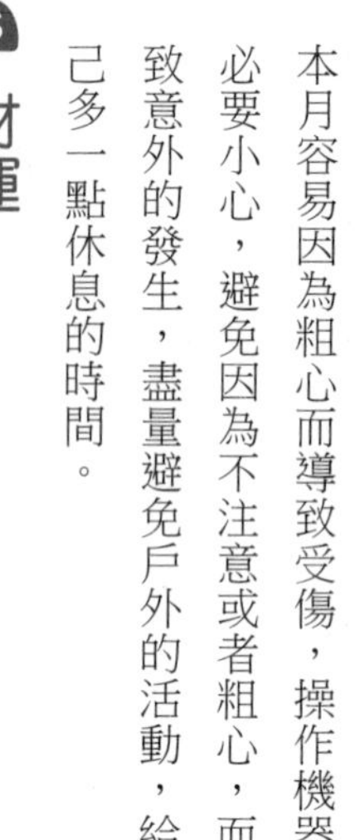

健康

本月容易因為粗心而導致受傷，操作機器務必要小心，避免因為不注意或者粗心，而導致意外的發生，盡量避免戶外的活動，給自己多一點休息的時間。

財運

本月財運會有大刀闊斧進財的可能，一定要懂得虛心謙卑，能夠增加財運。在財運方面，可以攜帶黃色水晶在身上，多吃黃色的食物，可以增加財運的豐收。

感情

本月已婚的夫婦感情算是穩定，但是因為家中瑣事繁多，兩人因為情緒上容易口出爭執，要多注意，多給對方一些空間，不要出口傷人。

事業

本月個人的情緒較易波動，人際關係較多變化，工作上亦要保持低調，以免鋒芒太露，遭受攻擊。

運勢運程月份小叮嚀

本月是非較多，遠離愛抱怨的人，就可以減少負面能量。桃花運旺的一個月，善用你的好人緣，可以結識到許多好朋友，如果懂得好好珍惜，這些朋友會給你很大的幫助。

健康

注意上呼吸道問題，建議將家裡打掃乾淨，去除塵蟎灰塵，避免呼吸道系統的舊疾復發。注意體重的增加，減少糖分的攝取，盡量不要喝手搖飲料，避免造成身體上的負擔。

財運

本月不宜借貸他人錢財，多注意人際關係，避免與投資夥伴失和而導致破財，本月欠缺財運，注意自身破財的問題，所有的財務一定要由自己經手，勿委託他人。

感情

與伴侶相處多年、關係穩定的，可以執行結婚的計畫了。想要有添丁生子的打算，本月可以好好努力，找個地方渡假，放鬆心情，有助於受孕。

事業

事業上想要有積極好的表現，建議凡事多主動協助，願意嘗試與挑戰新的工作內容，可以為自己帶來更多的機會。

運勢運程月份小叮嚀

本月學習慾望增強，好好把握學習的機會，對生活是有很大的幫助。事業順暢的一個月，有貴人支援，建議可以做財務上的小投資，建議在農曆初一的時候，可以吃水煮蛋或是紅豆湯圓來開運。

健康

健康沒有大礙，但可能有傷風感冒小毛病，特別注意有關腸胃及消化系統的問題，需要特別注意作息，多休息多運動可以減壓，讓身體健康起來。

財運

在財運上面，偏財運欠佳，建議你不要做任何投資理財的動作。本月要有心理準備，有較多突如其來的開支，容易使人破財，影響情緒。

感情

感情上本月付出太多，情感不穩定，容易出現溝通上的誤解，多花時間相處很重要，本月多吃櫻桃對於桃花運有幫助。

事業

事業順遂，職場更上一層樓，處理人際關係得宜，工作有表現、有進步。貴人長輩的相助，讓上司賞識，工作上有升遷機會。

運勢運程月份小叮嚀

貴人運佳，好好把握貴人助力，工作可以一展長才，遇到困難能夠逢凶化吉。注意家宅中長者健康，要將家人照顧好非常重要。

健康

本月多休息，並規劃正常作息，注意心臟及血壓的問題，飲食方面要控制，在健康方面要減少應酬，補充一些維他命，並且定期檢查身體。

財運

財運順遂，有望賺取可觀收入，只要能夠堅持，便能夠提升財運。避免錢財上額外的支出，在規劃財務的時候，一定要小心謹慎，尋求專業的協助。

感情

跟伴侶關係穩定，可以多吃綠色的食物，建立彼此的信任，對感情升溫有幫助。未婚想要求桃花的朋友，多戴粉紅色的飾品，對桃花有幫助。

事業

工作上宜積極進取，勿誇大言語炫耀工作能力，低調謙卑，有助於工作運的發展。工作態度待人要和諧，為人主動，多善用微笑帶來好人緣。

運勢運程月份小叮嚀

靈感豐富的一個月，有任何創作，可以充分的發揮。此月事事多變，不妨穩定自己的心情，面對接受變化的出現。事業運轉強，無可避免的壓力增加，但工作上表現令人稱讚。

農曆十二月

健康

本月的健康，需要特別留意居家安全，物品擺放要整齊，不要將雜物堆在走道上，避免家中長輩小孩跌跤，一定要特別注意。注意關節膝蓋，出入、上下樓梯，注意安全。

財運

跟財務有關的事宜，都要謹慎，避免跟朋友因錢財而反目成仇。投資理財獲利，競爭壓力雖然大，但實力堅強，投資運旺，建議你妥善地做些財務上的計畫，有助於財運的增加。

感情

已婚者會對伴侶的信任度降低，要重新建立起與伴侶的信任關係，不要諷刺對方，避免對方受傷之後，再也無法信任你。攜帶珍珠或白色的飾品有助於感情運勢提升。

事業

要提升事業運，需要有新的創意產生，工作上事半功倍，事業運較為穩定，加上權利吉星入主，對於自己的事業要有信心，有信心會帶來提升的力量。

運勢運程月份小叮嚀

本月在感情上的付出，也能夠被另一半感謝著。未婚的朋友人緣極佳，神情容光煥發，做事積極又認真，眾人肯定你的能力，樂觀快樂的一個月。工作豐收的時期，你的努力終於被看見。

鼠 牛 虎 兔 龍 蛇 馬 羊 猴 雞 狗 豬

幸運數字：3、7

幸運色：藍色

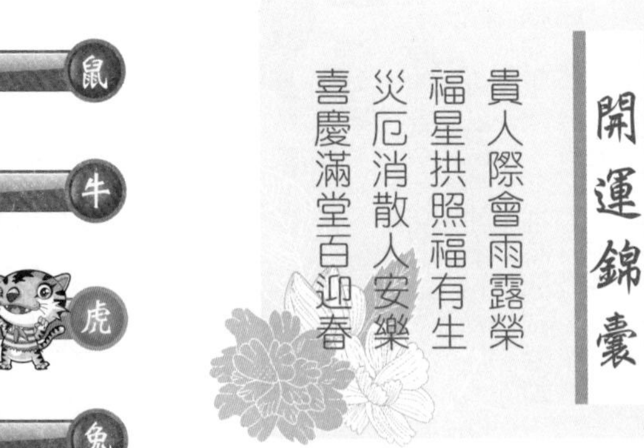

生肖屬虎的朋友

西元一九二六年	（民國十五年）	九十九歲
西元一九三八年	（民國二十七年）	八十七歲
西元一九五〇年	（民國三十九年）	七十五歲
西元一九六二年	（民國五十一年）	六十三歲
西元一九七四年	（民國六十三年）	五十一歲
西元一九八六年	（民國七十五年）	三十九歲
西元一九九八年	（民國八十七年）	二十七歲
西元二〇一〇年	（民國九十九年）	十五歲
西元二〇二二年	（民國一一一年）	三歲

龍年運勢運程

 健康

平時保養自己的身體，可以補充一些營養品，可以視為健康的破財，可以幫助自己重拾健康運。多抽時間做運動，除了增加免疫力之外，還可以減重。

財運

為了提升財運，可以多吃黃色的食物，幫助自己財運提升，記得自己掌管財務，勿假手他人。建議投資理財多閱讀相關書籍，增加相關知識。

感情

慎選另外一半，不要因為想談戀愛而墜入情網。渴望嘗試戀愛滋味的人，會遇見心儀的對象，可以吃紅豆增進感情或是提升桃花運。

事業

工作上言多必失，小心說話，顧及別人的感受，事業上的決定不要衝動，也不要意氣用事，容易因小失大，或是因為情緒的波動而做錯決定。

運勢運程月份小叮嚀

本月因為煩惱困難較多，所以要有堅強的心理準備，並以耐心來解決，提防居家的陷阱。容易修繕破財，本月不宜投資。

健康

健康運勢平穩，要注意的是情緒的部分，情緒容易起起伏伏，可能因為受到天氣關係的影響，只要多注意，多控制好自己的情緒即可。

財運

本月小心破財，容易因為新交朋友而破財，總是想要吃吃喝喝，無形中增加開銷而破財，朋友若是希望你幫忙擔保，千萬別輕易承諾，要避免詐騙的情形出現，凡事懂得開源節流。

感情

剛認識新朋友一定要多觀察，多了解對方，感情較沒有安全感，容易遇到極端的人，遇到無法溝通的情人，建議多冷靜。

事業

工作上，專心工作，勿利用上班時間外出處理私事，避免遭人檢舉，而影響到公司人員對你的信任，這樣會影響到工作的進度與運勢升遷。

運勢運程月份小叮嚀

本月處於變化較大的一個月，拿出自己真正積極面對的勇氣，就可以度過難關，並且可以讓事情有轉圜的餘地。本月可以考慮進修的事宜，對未來事業整體有很大的幫助。

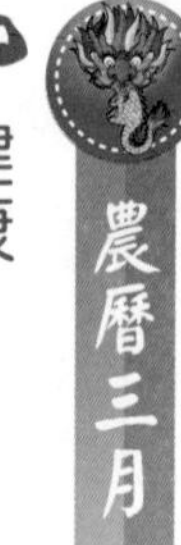

健康

多了解醫療知識，食物以清淡為主，有助於健康。建議多吃一點清心潤肺的食物，減少煎炸燥熱的食物，以避免肝火旺盛。

財運

本月的錢財，要有所控制，有人要跟你借錢調頭寸，請你拒絕，很有可能有去無回，平常不要跟他人有金錢借貸關係，避免養成他人依賴的習慣。

感情

若是已經有對象的朋友，想要提升愛情運，可以跟另一半一起吃一碗熱豆花，可以幫助感情更好。還沒有對象的朋友，請在本月的農曆十五日，吃一碗熱的花生湯，幫助你提升桃花運。

事業

盡量保持人際關係的和諧，處事盡量低調、不誇張、不逾矩。工作上的成果，非常讓人滿意，有加薪跟升職的機會。

運勢運程月份小叮嚀

人際關係問題，朋友之間的誤會，不需要花太多時間去解釋，保有自己的原則，不怕他人誤會。做事情容易出現小波折，但是運勢上大致順暢，留心另一半的身體健康。

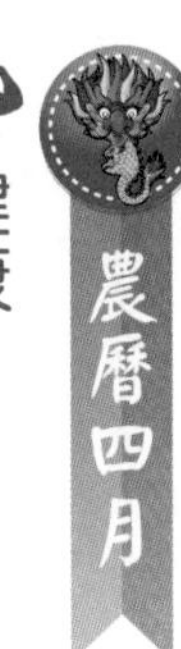

健康

整體而言健康運良好，維持身心靈的平衡，多接觸大自然，多外出走走，多運動多健身，多接觸綠色的植物，也會讓身體健康運提升。

財運

在財務方面，要靠自己去努力，才有爭取財運增加的機會。本月工作態度若是積極主動，在財運方面也會有增強增加的機會，建議你在辦公桌上可以擺放紅色的裝飾品，有利於工作運勢與財運的提升。

感情

本月感情上容易遇到挫折，情緒反覆容易激動，與人溝通陷入自己主觀的意識中，建議放下情緒再做溝通，願意給對方多一些的空間與耐心。

事業

變動之前要想清楚，三思而後行，不要推卸責任。要增強自己的事業心，不要有鴕鳥心態，更不要推卸責任，這樣才會有更好的表現。

運勢運程月份小叮嚀

工作上出現新合作的機會，正財運旺，工作有機會升遷。財運方面多佈施，累積功德對自己更好。人際關係變好，有貴人幫忙，只要保持心情愉快，就能擁有好能量，遇到困境可化險為夷。

健康

聚會多了，暴飲暴食容易造成腸胃跟身心靈的負擔，注意睡眠。由於擔憂擾亂自己的心情，影響了健康上的困擾，要注意心情上的抒發。

財運

以你的努力，可以讓你的名氣拓展，錢財也會有其他的收入，如果有意想要拓展財務的規劃，本月將會是規劃的大好時機，從事業務工作的人，本月的業績將會更進一步。

感情

本月可以安排一個小旅行，旅行會讓兩個人感情增溫。本月不要因為個人情緒而冷落對方，惹來對方的不滿。建議與對方多溝通。

事業

堅守崗位，反而有升職加薪的機會。切記工作中勿有口舌是非之爭，在吃力不討好的情況下，要能夠繼續忍耐、繼續低調行事，努力工作。

運勢運程月份小叮嚀

本月碰到很多人擁有負面的情緒和能量，你自己必須要學習冷靜處理或者選擇遠離，不要被影響。人際關係陷入僵局，做事圓融一點則可以避免。

農曆六月

健康

健康方面，易患呼吸道及胃腸病，不要隨便亂服用成藥，而且要盡量多讓腸胃休息，這樣才能快速改善身體不適的狀況。

財運

財務上的競爭壓力非常得大，盡量以保守穩健的投資理財動作為主。另外本月增加財運的方法，在財位上增加黃色水晶柱，可以幫助財運穩固。

感情

已婚者本月要提防爛桃花出現，小心第三者的入侵。有對象的朋友，可以提出成家計畫。已婚者未有小孩的朋友，不妨龍年考慮添丁，為家中添些喜氣。

事業

同事之間的相處摩擦增加了，請求貴人幫助，不要隨意與人交惡，記得忍住，不要隨口說出傷人的話語，避免傷害無法彌補或是有人找機會報仇。

運勢運程月份小叮嚀

了解自己的興趣非常重要，只要你努力去執行，築夢踏實，夢想也可以被實現，不要害怕自己做不到，先從瞭解自己開始，願意給自己機會，就是開創了自己的世界。

農曆七月

健康

健康飲食，用餐盡量清淡，不宜吃太重口味的食物，食物方面要注意衛生，小心細菌滋生，居家環境要注意清潔。

財運

本月財運要靠自己努力，不要人云亦云，會白白破財，財不露白，不要輕易告知朋友自己的財務狀況。建議在財務上要保守，努力學習他人的經驗。

感情

感情感受到熱情冷卻，有孤單寂寞的感覺，與另一半關係逐漸疏離，感情轉為平淡，建議你主動關心對方，減少抱怨。

事業

本月對工作有些沮喪，建議想要轉職或換工作的人，這個月不宜做重大決定。初一、十五吃熱的紅豆湯圓，對工作運提升有幫助。

運勢運程月份小叮嚀

事業運不俗，思想漸趨成熟的一個月，本月有較多的想法跟主見，可以與他人分享，獲益良多。請留意筋骨痠痛的問題，健康上要多休息。

健康

健康狀態越良好，好運越好。健康上因為好能量的接近，好事都發生，注意身體健康，不要過度的勞累，一定要注意飲食與日常作息正常。

財運

本月流失錢財的機會大增。避免健康上的破財，所以小心注意自己的身體健康。好好照顧自己的健康問題，避免因為生病而花醫藥費，就是減少健康上的破財。

感情

有機會認識合眼緣的對象，可以發展一段感情關係，多相處再做決定。已婚者要小心意亂情迷，避免惹上不必要的桃花，多吃桃子類的食物有幫助。

事業

工作上謹言慎行，少說話、多做事。面對同事之間的紛爭，不要介入，多喝甘蔗汁，提升自己的工作運勢。

運勢運程月份小叮嚀

人際關係可能也會出問題，工作壓力增加，多點耐心，難題才能夠解決。堅定自己的信念，建議你樂於表達自己的想法，有不同的意見可以與大家討論，避免默默的做而造成誤會。

農曆九月

健康

本月腸胃較弱、較容易消化不良，容易食物中毒，建議在吃食物時，一定要注意衛生，盡量減少外食的機會，平常盡量少吃生食或是生冷食物。

財運

財運波動乃屬於平穩的狀態，破財的時候，記得多吃黃色食物，能夠補回錢財。本月減少消費購物的慾望，避免破財。

感情

本月未婚有對象的朋友，感情心態上認為隨遇而安，對方覺得受到冷淡，不被重視，應該要多相處。少對另一半抱怨，才能夠有和諧的相處。

事業

工作時切忌心浮氣躁，會影響大家工作的態度，建議你可以做《開運大補帖》一書當中的小人罐，可以預防小人的陷害，凡事小心謹慎，便能化險為夷。

運勢運程月份小叮嚀

本月避免探病問喪，尤其是在自己睡眠不足的情況下，避免去容易沖煞的地方。本月準備接受突如其來的改變，家宅動盪，意見不合，容易引起紛爭。

健康

注意高血壓、血糖指數，需要好好控制體重，多運動，並且注意澱粉糖類的攝取。本月要注重飲食健康，多運動，保持身體最佳狀態。

財運

本月主動尋找投資理財的機會，對自己金錢財運增加有幫助。平常多穿紅色的衣服，或是在財位上放上一杯水，可以增加財運催財的作用。

感情

有對象的朋友本月不要將對方的缺點放大，其實自己也有性格上需要修正的問題，坦誠相對，才能夠解決問題。身邊要預防爛桃花的現象，請拒絕外來的誘惑。

事業

工作中懂得刻苦耐勞，建立事業心，產生鬥志旺盛，事業絕對可以更上一層樓。無論從事什麼樣的工作內容都要有心，願意面對新挑戰。

運勢運程月份小叮嚀

凡事深入了解，有把握才回答，感情方面如逆水行舟，雖然目前發展順遂，但有可能會遇到對手出現，所以更要表現出自己優秀的一面。

健康

多喝水，少喝含糖飲料，並且注意腎臟、膀胱等泌尿道系統，多喝水可以有益身體健康。少去醫院探病，或是參加喪事，避免沖煞，身上可以帶著平安玉扣。

財運

財運順遂，強烈的意念想要賺錢存錢，懂得開源節流，就可以達到控制購物慾望，投資方面，不要沾高風險的投資，勿貪心。

感情

與伴侶發生爭執，愛把分手掛在嘴邊，讓對方很受傷。請控制自己的脾氣與說話的口氣。感情關係目前不太穩定，雙方在情感上的認知有一些差距，建議多關心對方多溝通。

事業

事業上付出很多，卻沒有得到應有的回報，不要傷心。工作上遇到挫折，難免會感覺到壓力，以沉著心情來面對，努力充實自己，為未來的工作另作打算。

運勢運程月份小叮嚀

多思多慮的一個月，遇到問題不要鑽牛角尖，一定要向旁人請教，提防身邊的口舌是非，少說話、多做事，財運不俗，要留意人際關係。建議農曆初一可以喝紅豆湯圓提升整體運勢。

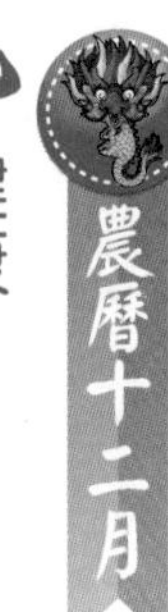

健康

避免在東南方放置任何綠色的物品，以免影響健康，易有血光之災。建議多吃白色的食物，可以幫助身體健康，保持心情愉快也有幫助。

財運

思想投資得財月，本月財運平穩，投資理財要做規劃，會有獲利的可能。想要增加財運可以多吃黃色的食物。

感情

想要尋求桃花的單身男女，有機會遇上心儀的對象，但是發展需要主動一些。心態上不急，就會有好結果，多吃桃子類的食物，對感情桃花有幫助。

事業

工作上考慮要轉換環境的人，要留意變化，以免遇上變卦，凡事保持平常心，避免焦慮情緒上身。

運勢運程月份小叮嚀

本月要多注意小人的中傷，不要因為這樣，而導致影響工作的情緒或是放棄原本自己想做的事情，面對所有事情，先學會放下情緒，再去處理事情，不要因為衝動而做錯事。

兔

幸運數字：5、9
幸運色：金色

開運錦囊

六合登垣春風至
貴人福祿滿盈豐
祥光滿室能生福
門庭瑞氣喜臨至

生肖屬兔的朋友

西元一九二七年	（民國十六年）	九十八歲
西元一九三九年	（民國二十八年）	八十六歲
西元一九五一年	（民國四十年）	七十四歲
西元一九六三年	（民國五十二年）	六十二歲
西元一九七五年	（民國六十四年）	五十歲
西元一九八七年	（民國七十六年）	三十八歲
西元一九九九年	（民國八十八年）	二十六歲
西元二〇一一年	（民國一〇〇年）	十四歲
西元二〇二三年	（民國一一二年）	二歲

龍年運勢運程

農曆一月

健康

本月多吃清淡的食物，不要大吃大喝，避免身體負擔，本月不要忍尿，否則長時間下來會影響到膀胱與泌尿道等問題。建議多運動，多吃原型食物。

財運

本月不宜有太多現金在身邊，盡量把錢財存入銀行，不要攜帶太多錢財，以免被劫財。本月設定好目標，下個月錢財更容易增加，提升你的財運。

感情

感情運變化較多，人際關係進入倒退期，二人相處要注意相處上的細節，勿粗心而傷了對方的心，凡事多用點心，多吃紅豆能開運。

事業

提防同事之間的猜疑與嫌隙，辦公室的小人，會影響大家工作的態度，小心便能化險為夷。建議你可以做《開運大補帖》一書當中的小人罐，可以預防小人的陷害。

運勢運程月份小叮嚀

此月心中容易因為緊張而受傷，行走做事萬事小心。在情緒方面，不要隨意傾吐心事予他人，避免變成茶餘飯後攻擊的目標。

鼠 牛 虎 兔 龍 蛇 馬 羊 猴 雞 狗 豬

農曆二月

健康

健康方面，上下樓梯注意安全，避免頭部外傷，注意上方掉落物，不管經過工地或是危險的地方，快速通過保平安。

財運

在財運方面不要太心軟，不要感情用事，多理性思考，用心就能擁有好財運。做好財務的規劃，避免錢財的浪費，避免借貸，本月錢財只進不出。

感情

感情易與他人有較多的口舌是非，要多聽別人的意見，不要太固執己見，奉勸有對象的人，少管他人閒事，否則會影響兩人的關係，引起不必要的煩惱。

事業

這個月主動積極爭取工作上的機會，領導才能備受肯定。工作上越來越能夠獨當一面，調整好自己的心態，做好自己的本分。多喝甘蔗汁可以增強運勢。

運勢運程月份小叮嚀

樂觀看待事情，事事都有好發展。本月貴人運不俗，事業財運均有進步，建議原來的工作要努力發展，用心學習，工作上會有大進展。

健康

要注意飲食節制，大吃大喝容易引起腸胃不適的問題。建議你，如果要外出，在飲食方面，一定要特別小心衛生，還有不要吃太多油炸的食物。

財運

財運上，人脈就是錢脈，增加自己在財運上、公關上的機會，幫助自己多認識朋友。財務懂得開源節流，有好的財運。

感情

感情上的問題，一定要懂得多溝通多協調，避免爭執的發生。已經有結婚打算的朋友，可以細心做規劃，在本月開始執行，會有好的發展、好的結果，多吃蘋果好運氣。

事業

工作事業上要打好基礎，認真做事，凡事不要半途而廢，萬事謹慎小心，謹言慎行，保持平常心，承受壓力也不害怕。

運勢運程月份小叮嚀

本月要注意身體健康，氣管呈現較弱的狀態，本月記得做身體健康檢查，並注意手部外傷，不宜從事高危險活動。

健康

留心喉嚨、氣管、呼吸道，避免讓症狀更加嚴重，戒菸是個好時機。日常作息要正常，避免去人多的地方，要做好衛生保健工作，外出盡量多戴口罩。

財運

建議本月不宜跟朋友有借貸的關係，也不宜做投資理財動作，避免爭執而發生財務危機。

感情

感情關係目前為不穩定與互相猜疑的狀態，雙方可能在感情上的認知有所差距，很想要擺脫對方的控制，建議在感情中給對方一點空間，避免因太想控制對方，而讓對方想逃離。

事業

靜待脫穎而出的機會，努力的耕耘，上司下屬溝通好，不要過度依賴他人的決定，自己要懂得表現決斷力，保持好的人際關係。

運勢運程月份小叮嚀

本月是人際關係溝通月，要跟身邊的人多陪伴、多溝通，進行觀念上的釐清，不要想要控制他人。健康方面，小毛病不斷，注意身體健康，多給自己休息的時間。

農曆五月

健康

多吃蔬菜水果，或是纖維類高的食品，可以幫助排便順暢。健康上，飲食要注意，避免腹部不適脹氣的狀態，出門需留心飲食問題，不要亂吃東西，以免影響腸胃。

財運

本月腳踏實地，計畫要明確，有能力賺取財務的報酬。投資多以保守為原則，切勿貪心而破財。本月財運順遂。想要賺錢存錢，有強烈的意志力，便可以得到錢財。

感情

本月在感情上，不管是有伴侶或是已婚者，兩人的感情加溫，相處融洽，感情如魚得水，彼此多關心多照顧，多吃蘋果增強運勢。

事業

廣結善緣，努力展現自己的能力，注意人際關係上的和諧，要有耐心對應，則有貴人產生。工作上的變動，需要新的適應，保持開朗的心情。

運勢運程月份小叮嚀

本月很容易遭人誤解，一定要懂得為自己辯解。態度和善願意與人相處，可以增加你的人緣。此月可能會有腸胃的毛病，注意病從口入。

農曆六月

健康

想要提升健康，可以多出外走動，或是到戶外踏青，多曬曬太陽，多運動流汗，可以幫助促進新陳代謝，也可以讓心情快樂一些，建議多休息。

財運

個人偏財運好，憑藉著個人靈感，為自己帶來不錯的財運機會。額外開支比較多，處理事情要特別小心，以免開支過度，本月破財運明顯。

感情

本月多吃喜糖，保持心情愉快，用平常心去理解情人的作為，本月可以讓兩個人交心，可以讓兩個人感情升溫。

事業

人緣極佳帶動好的事業運，工作表現備受肯定，若能積極爭取工作的機會，會發展更好。加強對他人的信任，工作上更可以得心應手。

運勢運程月份小叮嚀

本月很多事情不妨計畫一下，不要衝動做決定，心情煩躁就去旅遊或是外出走走，不宜靜待在家中或辦公室。本月人緣運旺，不妨把握助力向上拓展，多關心不常聯絡的朋友。

健康

健康方面，只要調整好日常的生活作息即可，多嘗試一些靜態的活動，也可以幫助自己穩定情緒，達到身體健康與紓壓的效果。

財運

本月投資策略以保守穩健為主，不宜作重大投資決定，避免因為貪心而破財。偏財方面難有收穫，所以避免做投資理財的動作，更不要借貸他人錢財，避免有去無回。

感情

已經有對象或是已婚者，可以多吃巧克力，提升桃花運。感情事只要你有心，就可以打開對方的心，與異性的互動會撞出愛的火花，展現出你的耐心，成功機會大增。

事業

工作上有人喜歡爭鬥，務必要遠離，本月不宜與他人起口角爭執，勿參與明爭暗鬥，凡事低調避免引起事端。

運勢運程月份小叮嚀

本月可以主動爭取機會獲得較多的報酬，不管是工作上或是人際關係上，總是會有所回饋。不妨靜下來重整自己的好能量，計畫未來，須提防投資理財的陷阱。

健康

小心居家擺設絆倒跌跤，平常不宜爬高，避免跌倒。注意關節的舊疾，提防復發的情況，避免太過劇烈的運動，注意腸胃問題，勿暴飲暴食。

財運

本月財運沒有太大的進展，荷包裡面的錢財要好好守住，多守財，少花錢。不要因為急於想要請客，而花費多餘的錢財。

感情

遇到爛桃花，要好好克制自己的情慾問題。剛開始認識的另一半，要多觀察，勿直接下注解或是拒絕，多觀察，先從朋友當起，有機會有好的發展。

事業

要增強事業旺盛的決心，對待他人，口吐蓮花；對於別人給你工作上的建議，一定要學會謙卑接受，這樣工作的機會才會大幅增強。

運勢運程月份小叮嚀

建議你，不要因為想要討好別人，而誇耀其詞，本月做事要腳踏實地，面對真實的自我。初一和十五可以喝熱的紅豆湯圓。

健康

家宅方面要清潔乾淨，勿堆積垃圾，避免衛生問題引起的疾病。注意上呼吸道系統，要注意提防塵蟎及空氣汙染的問題。

財運

別人不想要做的工作，你去爭取，反而可以替自己增加工作上的財運。做事情一定要熟記與付出實行，謹慎經營，避免開支過多而影響財運。

感情

想要求得桃花，可以放置粉紅色的水晶飾品在桌上，有助於提升桃花運。與伴侶多溝通，及互相扶持，任何事情都能夠坦誠相對，勿讓個人負面情緒影響關係，減少抱怨。

事業

多跟人群接觸，對整體事業有不錯的表現。面對他人的指責，虛心接受，就能夠逢凶化吉，多吃紅色食物，對自己的工作運有很大的幫助。

運勢運程月份小叮嚀

此月出現較多變化，情緒上適應不來，所以導致心情低落，運勢動盪的一個月，建議要正向面對，才能提升運勢。在管理方面，遇到困難挫折也不要放棄，總是堅持到最後，才能得到好的結果。

健康

多運動，多流汗，而且多曬太陽，促進新陳代謝，不要因為懶惰而不想要運動，有時候就算是外出走走散步，對自己來說也是有益的。

財運

本月賺錢能力不錯，所以事業有機會向外拓展，但在錢財方面，容易財來財去，所以投資計畫需要做些調整，外出遊玩要注意錢財損失，建議可減少購物的可能。

感情

在感情中較多流言蜚語，不妨以平常心面對，不要太在乎他人的看法，真實去面對你所愛的人。有了桃花，一定要特別注意要謙卑，多關心對方，多喝汽水增加好運氣。

事業

工作要專注，不要好管閒事，無心之過或是言論，很容易拖垮他人對自己的信任，多花一點時間在工作上，對於人際關係的處理，以和為貴。

運勢運程月份小叮嚀

本月面臨到反反覆覆的矛盾衝突，只要能夠靜下心來，便能夠找尋自己內心真實需要的部分，做事情放慢腳步，耐心等待結果，做事不急躁。

健康

多關注心血管疾病，天氣如果有較大的溫度變化，氣溫溫差，早晚一定要注意保暖的動作，要注意血壓。有長期服用慢性病藥物的朋友，一定要多喝水。

財運

財務的投資，一定小心謹慎，步步為營，很多事情要親力親為。少有金錢上的借貸，避免誤會發生，也不要妨礙他人的成長。

感情

不宜與剛認識的對象，合作經營投資，避免因財失意，讓關係更複雜，感情的事情盡量單純一些比較好。記得在感情當中不要過度的放縱，以免影響到自己跟伴侶的情感。避免他人受傷。

事業

本月在事業上可以好好規劃未來工作方向，努力充實自己，文昌星有利幫助，可以在辦公桌上放置綠色、藍色的裝飾品，利於事業運。

運勢運程月份小叮嚀

人際關係變差，要注意口舌之爭，此月無緣無故擔心焦慮，因為壓力太大，不妨多放鬆心情。健康出現問題，有小病需要看醫生，不要拖延或是亂服用成藥。留意家中長輩或男性長輩的健康。

健康

在本月心情容易緊張，要學會放鬆心情，多休息，才能改善身體不適的狀況。多接觸大自然外出走走，可以調解緊張心情，和紓解工作上的壓力。

財運

對於朋友的借貸，要量力而為，要有心理準備一去不回頭。偏財運普通，要小心暗地傷人的破財，所以要小心親信人之間的遊說投資，本月最好不要做任何投資或是合夥。

感情

感情當中，學會多體諒，學習改變相處的方式，雙方更和諧。不宜做人身攻擊，要注意與對方相處上的和諧，口吐蓮花多感恩對方。

事業

想要成就事業，要努力充實自己，多閱讀相關資訊，主動積極爭取表現機會，有貴人相助，不抱怨更有工作運。

運勢運程月份小叮嚀

人際關係，交友要坦白真誠，在人際關係上有重要的決定跟發展，如果不小心造成別人的傷害，也要虛心檢討自己的過錯，進行彌補，將傷害減到最低。記得初一和十五要吃熱的紅豆湯圓提升整體運勢。

龍

幸運數字：5、7
幸運色：紅色

開運錦囊

吉曜鴻運龍馬祥
功成利就順財生
門庭喜慶照四方
宅吉人安家安康

生肖屬龍的朋友

西元一九二八年	（民國十七年）	九十七歲
西元一九四〇年	（民國二十九年）	八十五歲
西元一九五二年	（民國四十一年）	七十三歲
西元一九六四年	（民國五十三年）	六十一歲
西元一九七六年	（民國六十五年）	四十九歲
西元一九八八年	（民國七十七年）	三十七歲
西元二〇〇〇年	（民國八十九年）	二十五歲
西元二〇一二年	（民國一〇一年）	十三歲
西元二〇二四年	（民國一一三年）	一歲

龍年運勢運程

農曆一月

健康

消化系統有些不良的症狀，腸胃產生不舒適，避免吃太過於油膩的食物，注意腸胃道消化不良。睡眠要充足，才有良好的體力可以做事。

財運

當金錢運不夠旺的時候，財務方面容易出現意外的花費，無可避免。建議你不妨去做小小的投資理財，或是買彩券，都有可能有意想不到的偏財。

感情

感情上，因為家庭問題而煩惱，與伴侶相處時間越來越少，以致小爭執及誤會頻生，影響雙方感情，建議約對方出去吃頓飯，好好聊聊，增加溝通的機會。

事業

工作上要專心，處理事務小心謹慎，這個月的工作表現要低調，懂得刻苦耐勞，保持工作熱忱，事業絕對可以更上一層樓。

運勢運程月份小叮嚀

本月會讓你認清一些事情的脈絡或是人事，記得記取教訓勿再犯錯。整體上運勢受到他人的幫助，而有好的影響。運勢不俗，本月過程出現變化，任何結果，都是可以虛心接受的。

健康

身心靈都健康，摒除負能量，心情上多放鬆，事事都會有好的發展。健康上注意腹部不適的狀態，飲食要清淡，不油膩，可多吃蔬菜水果，或是纖維類高的食品，可以幫助排便順暢。

財運

財運方面，需要妥善的規劃，量入為出，才能改善經濟的狀況。財務方面不要輕舉妄動。本月容易發生突如其來的事件，而要支出一些費用。

感情

想要擁有新戀情的朋友，記得多吃巧克力，可以幫助桃花運。本月感情上，感情加溫，相處融洽。彼此多關心、多照顧，關係可以細水流長。

事業

保持對工作的熱忱，對待他人有耐心，工作運一定會有進展，建議月初可以喝甘蔗汁，提升工作運勢。

運勢運程月份小叮嚀

做人不宜高調，易成為他人攻擊目標。情緒起伏雖然很大，但是你還是可以靠自己的意志力來控制，人際關係上不要被別人利用，要有自己的看法與見解。

農曆三月

健康

多曬太陽可以促進新陳代謝，避免身體過多的負擔，避免身體勞累一定要多休息。平日要注意健康上的保養，要多注意家中清潔衛生。

財運

遇到合作的對象，一定要三思而後行，否則財分為二，令自己破財。財運方面要懂得守財，多吃鳳梨補財運。

感情

有對象的朋友，切勿因小事情而起口角，造成爭吵的狀況。想要尋求桃花，在家中客廳放上粉紅色的水晶柱，或是鮮豔的花朵，可以提升桃花運。

事業

事業運佳，本月有不錯的好時機，可以發展自己的潛力。拿出工作上的熱忱，勇敢嘗試，會有意想不到的收穫，工作上也會受到肯定。

運勢運程月份小叮嚀

要注意自己的個人消費習慣，不要因為看見自己喜歡的東西就購買，造成經濟上的龐大負擔，要開始存錢，不要跟別人借貸，良好的金錢觀，對未來的你會有很大的幫助。

健康

個人情緒容易緊張，不妨多做一些有氧運動，強化體質，有益舒緩自己身心的壓力。由於工作壓力增加，影響睡眠品質，努力做好生活作息的安排。

財運

財運方面，不妨做保守的投資，要多提防身邊想要借錢的朋友，避免因為詐騙而有財務上的支出。避免有短線投機的投資活動，宜長期規劃，多吃地瓜補財運。

感情

本月兩人趨向於穩定，已經通過了磨合期，是增進感情的好機會，不妨多把心事告訴對方，對感情有所增進。想要桃花運的朋友，可以多吃巧克力或草莓。

事業

遇到不了解的事物，要虛心求教於身邊的親朋好友，懂得詢問，避免做錯決定。遇到困難，可以帶點紅色的開運物來增強好運，多吃紅色的食物。

運勢運程月份小叮嚀

本月工作量大，壓力多，努力調整你的身心靈，希望都能夠恢復到最好的狀態。善用本月補足好運氣，想要維持長久的好運，記得吃麥芽糖或是紅色的糖果，可以幫助你維持好運不減退。

農曆五月

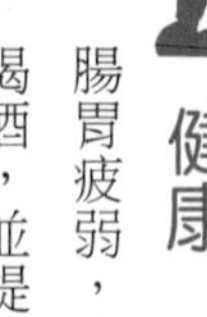

健康

腸胃疲弱，吃清淡一點的食物，盡量不抽菸喝酒，並提早就寢多休息。注意身體，要有妥善的休息，不要過度勞累。

財運

將有家人親友向你尋求金錢協助，切記要量力而為。投資理財方面，避免短期投資炒作。在財運方面，可以邀請屬龍的朋友一起合作，擁有好運氣。

感情

本月感情因為金錢支出過多而產生摩擦爭執，避免因為工作過度、壓力太大而冷落另一半，多溝通，可以減少感情上的爭執，彼此要多忍讓，多做溝通，可以減少衝突。

事業

工作上是穩定性較高的一個月，工作機會大增，也能展現你的能力，發揮自己的創意，讓工作展現更充實的實力，運勢會因為態度積極而變好。

運勢運程月份小叮嚀

桃花運旺，此月應酬多多，讓人產生情感上的依賴，工作壓力大，令自己喘不過氣來，要懂得放鬆心情，保持正向能量積極作為。時時刻刻保持好信念、好能量。

健康

注意腸胃問題，吃東西不要太快，容易脹氣，三餐飲食要正常，也可以幫助身體健康。本月可能有舊患復發的情況，需要特別留意個人健康問題。

財運

記得態度要謙虛，凡事親力親為，財運會持續的旺下去，多吃香蕉有好運。本月容易令客戶萌生好感，因為信任願意與你有工作上的合作，受到貴人的眷顧，收入自然有望增加。

感情

心情情緒起伏較大，易陷入胡思亂想的情緒當中，對於事情不要執著，穩定心情才有好桃花。對於感情不要急著要求對方做決定。

事業

工作運勢方面有持續向上的好運氣，工作上的能量充滿，對自己的能力受到肯定覺得很開心，繼續努力，未來會有升職的機會。

運勢運程月份小叮嚀

本月面對紛爭不要強求，不要主動排解，盡量遠離，避免公親變事主。做事要老實，腳踏實地，不輕易做承諾。想要贏得多數人的信任，做事就要積極主動。

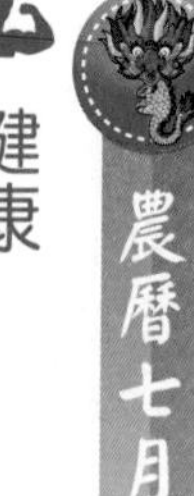

健康

健康方面多關心家中長輩健康，喜歡杯中物的人要注意肝臟的問題了，避免睡眠不足而影響到健康，謹記一定要作息正常。少吃生冷食物，因為本月腸胃比較弱。

財運

與同事上司和諧相處，可以獲得財運上的幫助。財運上面，容易遭人設計，要在乎自己的權益。減少購物，否則可能會有財務上的大失血，好好看管自己的錢財，不宜花大錢買東西。

感情

多關心另一半的心情，多花時間關心對方。看見自己喜歡的人，要努力主動爭取邀約，不要考慮太多，宜努力勇敢跨出第一步。

事業

這個月要注意工作態度，凡事聽取別人的意見，不要一意孤行，避免影響人際關係，工作上多用心經營工作上的人脈。

運勢運程月份小叮嚀

運勢回升的一個月，與你之間的各種人際關係，需要理性解決，不宜衝動。多吃白色食物提升整體運勢。

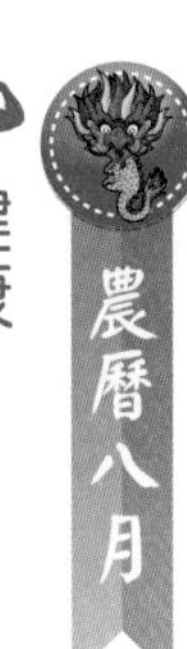

健康

建議在年底前做一個身體健康檢查，並多為他人祈福也可以幫助到自己。外出旅行小心水土不服，注意自身飲食，盡量少吃生食。

財運

勿與他人計較小錢，能夠付出也是一種福氣。本月以正財為主，偏財方面難有收穫，宜腳踏實地，投資策略以保守穩健為主，亦不宜作重大投資決定。

感情

桃花運平順的一個月，避免過度激動的溝通，影響了自己的人際關係。面對情人說話要有耐心，多關心對方，小心有爭執爭吵的情形出現，可以帶點紅色的飾品增加桃花運。

事業

與同事之間溝通良好，互相體諒，共同創造工作上的好業績。注意不要因為自尊心的關係，而失去別人幫助的機會。

運勢運程月份小叮嚀

建議你，不要因為想要討好別人，而說出違心之論，做出委屈自己討好他人的事情。建議你還是做自己比較快樂，腳踏實地，才會贏得大家對你的喜愛，生活中可以嘗試新的事物，會帶來好心情。

農曆九月

健康

健康運可以多吃綠色的食物，多流汗多曬太陽，對健康有幫助。平常要有足夠的睡眠，多注意眼睛疲勞，視力衰退的狀況，多向遠方看。

財運

本月喜事多，有機會因嫁娶等喜事而破財，能夠給予別人祝福也是好事喔！也可以去沾沾別人的喜氣，提升自己的財氣。金錢運勢頗為暢旺，能夠精準的掌握投資目標。

感情

單身的朋友可以多吃巧克力，有機會發展新戀情，多找老朋友聚會，從朋友關係當中開始，也許會找到適合的另外一半，已經有戀情或是有對象的朋友，可以多吃黑糖。

事業

不要多言而得罪同事，與自己無關的事情，不要發表意見，凡事要所有保留，不要對他人全盤托出自己工作上的心得，避免被公司同事出賣。

運勢運程月份小叮嚀

本月容易與人起爭執，凡事盡量低調謙遜，避免遭受攻擊，感情略算穩定，所以多溝通、多諒解，避免影響關係。現實和期望有所落差，會讓工作能力、慾望有所打折，必須積極認真的處理工作上的事宜。

農曆十月

健康

多注意腸胃及消化系統，建議飲食應以清淡為主，不要大吃大喝，避免腸胃無法負擔。睡眠不足，嚴禁駕車，避免發生危險事故。

財運

投資理財要有耐心，持續觀察做功課是必要的學習過程，千萬不要貪心，見好就收，否則會有破財的可能，每筆支出都要記錄。平常財不露白，不要輕易拿出錢財。

感情

戀情容易產生變化，會有小口角的發生，建議在相處上多付出，便是有福氣。與伴侶發生爭執，別把分手掛在嘴邊，會讓另一半很受傷。

事業

上司或同事離職，不要因為這樣，而覺得自己失去靠山，要自己保護自己。充實自己，工作態度盡量保持低調，圓融人際關係。

運勢運程月份小叮嚀

本月趨向於保守，任何事情可望見好就收、迎刃而解。虛心地請教朋友，自己本身的問題也會獲得解決，不要跟他人有無謂的紛爭，減少衝突的產生。

農曆十一月

健康

放慢腳步，做事要慢，避免過度勞累，影響身心靈健康。此月腸胃較弱、較容易消化不良或是腸胃道感染，外出用餐時，一定要注意環境衛生。

財運

本月財運宜動不宜靜，金錢安排上別感情用事，要量力而為。投資理財的部分，建議見好就收，避免因為貪心而破財。

感情

工作上的壓力，會影響到兩個人情感上的發展，感覺另一半好像對自己有所隱瞞，建議與對方多溝通、多協調，並且了解對方發生的事情。

事業

增強自己的事業心，不要有鴕鳥心態，更不要推卸責任，變動之前要想清楚，三思而後行，這樣才會有更好的表現。

運勢運程月份小叮嚀

本月做事容易意氣用事，建議你行事不要衝動，不要因為別人的煽動，而去做了讓自己後悔的事。懂得適時地拒絕，否則承擔太多，壓力會越來越大。

健康

長期咳嗽的人，一定要注意支氣管方面的問題、或者是氣喘，一定要看醫生。本月注意睡眠不足，做事情請集中注意力，在行駛車輛，或者是技術性的工作，一定要注意安全。

財運

本月財運保守，但有成長。財運增加，賺錢能力大增，懂得賺錢也要懂得存錢，存錢就是你最好的財務規劃。

感情

由於追求者不少，記得不要過度心急，慢慢觀察，多相處多了解對方。記得專注在感情當中，不宜過度情感用事，感情易放難收。

事業

本月工作方面注意口舌之爭，避免成為他人的眼中釘，謹守工作崗位，跟同事相處融洽，才能夠在工作上得心應手，得到助益。

運勢運程月份小叮嚀

工作運開始順暢，無論各方面開始都漸入佳境。想要擁有更清楚的思緒時，你可以打坐或是靜心十分鐘，可以幫助你思緒集中，找出問題，並且擁有正面的能量。

蛇

幸運數字：1、6
幸運色：黃色、紅色

開運錦囊

財運廣進鴻運轉
吉星本耀喜慶生
福祿相隨家道盛
富貴可期財自生

生肖屬蛇的朋友

西元一九二九年	（民國十八年）	九十六歲
西元一九四一年	（民國三十年）	八十四歲
西元一九五三年	（民國四十二年）	七十二歲
西元一九六五年	（民國五十四年）	六十歲
西元一九七七年	（民國六十六年）	四十八歲
西元一九八九年	（民國七十八年）	三十六歲
西元二〇〇一年	（民國九十年）	二十四歲
西元二〇一三年	（民國一〇二年）	十二歲

龍年運勢運程

農曆一月

健康

雙腳的保養要注意，不要因為久站不舒服，懂得舒緩與放鬆，可以泡腳，平常注意跌跤或跌傷。身心愉快就可以達到身體健康的效果。

財運

本月運勢帶財，好好把握可以增加財運上的豐收，做好財務上的規劃。從事業務性質的朋友，因為得到貴人的關照，有獲利的情況出現。

感情

本月感情變化較多，忽冷忽熱的感情關係，讓你覺得沒有安全感，請多建立愛情當中的安全感，遇到感情上的紛爭，一定要先冷靜，不要口出惡言。

事業

跟公司同事的關係日趨緊張，了解工作當中的錯誤，才能夠讓自己有所改變、有所學習。

運勢運程月份小叮嚀

外出用餐進食的朋友，一定要特別注意環境上的衛生，本月逢凶化吉，任何困難、困境都可以因為你的樂觀而有好的結果。本月避免應酬拖垮健康，所以在檢視自己的健康上需要特別注意。

農曆二月

健康

本月的健康不需要太擔心，作息正常，保持心情愉快一切都好。健康並無大礙，即使身體有小病痛也不需要擔心，多運動多流汗，身體就會健康。

財運

財務方面利用此時做好規劃，能夠有財運上的進帳。生活上，少花錢，多存點錢。本月不宜大筆大手投資，否則容易遭致損失。

感情

本月請不要過分專注事業工作的發展，而冷落對方，要多陪伴對方。建議兩個人，不妨考慮旅遊或舊地重遊，重拾往日的溫馨甜蜜感覺。

事業

事業心要積極，不要消極應對工作上的任務，謹守自己的工作崗位，以冷靜、沉著的態度，面對人事變化，並且凡事謹言慎行，勿誇口。

運勢運程月份小叮嚀

本月宜多聆聽他人的意見，並且避免決策錯誤的情形發生，貴人運強，尋求貴人幫助，生活有更多圓滿，本月可以多喝熱的桂圓茶。注意家宅的疲弱，影響個人的情緒，要將家人照顧好。

健康

健康運大吉大利，調整好日常生活作息，穩定情緒。本月很容易因為粗心，而導致受傷，所以避免激烈的活動，並將家裡尖銳物品收治妥當。

財運

避免因為大量的應酬而花費，花錢要三思而行，千萬不要打腫臉充胖子，減少人際關係應酬，避免應酬而耗費大量錢財，財運上減少財務的支出，減少消費。

感情

本月的感情，容易感覺空虛失落，內心因為寂寞，想快快找到新的對象，建議不要操之過急，尋找另外一半還是要有耐心。如果與另一半處於冷戰期，一定要想辦法停止爭吵。

事業

工作方面，多觀察、多思考，勿口出惡言。在人際關係上面，去除人事紛爭，注意自己的脾氣，勿時好時壞讓人捉摸不定，影響工作氣氛。

運勢運程月份小叮嚀

想要提升家宅家運，可以更換一些小家具重新布置擺設，或是擺放紅色或是金色的物品，可以提升家運。善用自己的創意，為自己打造新的計畫，或實踐的執行力增強。

健康

多注意上呼吸道的問題，避免大聲說話，而影響喉嚨，本月健康一定要特別注意，要注意心情，不要無故發怒，要懂得排解情緒。

財運

正財運不錯，賺錢能力大增，收入有望增加，但是切記不要借貸別人錢財，容易要不回來，無論做生意或投資，都不要輕易借貸他人錢財，還是把錢留在自己身上最安心。

感情

感情中，懂得給別人解釋的機會，不要過度苛求，避免影響人際關係發展。跟同事意見分歧的時候，不妨平心靜氣的討論，減少爭執，更不要做人身攻擊。

事業

工作有倦怠的狀況，改變自己工作的方式，或是面對壓力學會紓壓的方式，對於展現自己工作能力有幫助。

運勢運程月份小叮嚀

本月能夠找到開心的事物，讓自己身心愉快，保持好的念力與人際關係，在開心愉快的氣氛中，讓人清爽更開心，運勢也會因為心情而提升，多吃湯圓可改運。

健康

健康方面要多注意免疫系統的問題，提升免疫力避免造成身體不舒適的情況，只要多補充睡眠，飲食要均衡，避免應酬或熬夜，身體自然好。

財運

財運上，不宜作巨額的短炒買賣動作，亦不要為他人作借貸擔保，容易有失信的危險，偏財運平平，投資宜審慎保守，不要將太多的金額放在同一個項目上。

感情

已婚的人士小心爛桃花多，帶來不少煩惱。自制力要增強，避免三角關係。多花一點時間在感情的經營上，本月可以是主動告白、出擊的好機會。

事業

面對工作規劃，要保持積極行動力，做事勿偷懶、勿投機取巧，避免因為投機而失去表現的機會。可以多吃紅色食物提升事業運。

運勢運程月份小叮嚀

本月是非常有創意的一個月，盡量用你的影響力去影響其他人，可以讓其他人在規劃方面得到幫助，亦可展現你的自信心。

健康

作息要正常，安排適當休息時間，可以多做一些活動，增加個人的抵抗力。留心心臟血管疾病的復發，注意心情與壓力。

財運

賺錢能力不俗，事業有向外拓展機會，投資策略宜保守，投資理財方面可以多觀察市場動向，不要輕易做決定，避免破財或是投資錯誤。

感情

單身者不要有過度的擔憂，才能夠漸漸有好的能量、好的戀情靠近。若有爭吵建議放下情緒，再做溝通，避免冷戰。努力經營感情，多點溝通，可以讓感情順利發展。

事業

勿聽信他人的建議而突然辭去工作，想要跳槽或是轉換工作跑道，一定要三思而後行，仔細思考，再做決定。

運勢運程月份小叮嚀

受到情緒上的衝擊，容易產生情緒低落，宜多找朋友紓解心情、訴說，朋友會給予適當的建議，運勢提升靠心念，要有信心堅持到底，別讓自己負面太久。

健康

避免消化不良或食物中毒，注意食物的清潔，小心大吃大喝引來腸胃疾病。注意家中女性長輩心情，避免從事高危險的活動。

財運

預防自己財運上的破財，避免與他人合夥投資理財，財運上受到突如其來的衝擊，財務宜保守為原則。財運上最重要的，就是事事謹慎，勿隨便投資。

感情

本月將會是開始計劃或是求婚的好時機。未婚者可以多參加喜宴，或是吃喜餅喜糖，可以增加自己的桃花運。

事業

工作的決策到最後關頭，容易起變化，只要心情沉靜，可以化險為夷。不要過度介入他人的口角戰爭，平常心面對，工作就可以有更進步的表現。

運勢運程月份小叮嚀

事業發展不錯的一個月，思想跟分析力增強。本月運勢整體旺，但唯一需要注意人事紛爭，在文字處理方面亦要小心，則可安然度過。好運貴人來，做事順暢，提醒自己放下控制欲望。

健康

避免大吃大喝之後引來的腸胃疾病。多關心家中男性的長輩，注意身體健康，多陪他們。因為心情緊張而導致睡眠素質欠佳，睡眠要充足。

財運

本月動中生財，不妨考慮外幣的投資，可以獲得不錯的選擇。財運方面，有突出的表現，偏財運旺，財來得容易，但要避免高風險的投資。

感情

感情穩定中求發展，會有好事發生。檢視自己的心態，有助於新戀情的發展，好好珍惜眼前的幸福。單身已久的朋友，可以多吃黑色的食物，對自己的桃花有幫助。

事業

本月職場上無往不利，有貴人相助，努力讓自己成為有實力的人，在貴人幫助的當下，要能夠努力的發展自己，成就自己。

運勢運程月份小叮嚀

運勢有一點開始走下坡的感覺，想要提升運勢，建議你本月可以多穿亮色系的衣服，利用顏色來幫助你開運。不要因為情緒的問題而施壓於他人，要能夠控管自我的情緒。

健康

本月會有較多喜慶的事情，容易吃吃喝喝，聚會聊天，要特別注意膽固醇及血壓問題，建議多吃清淡的食物，以免引發健康危機。

財運

偏財運方面要以保守為主，不宜有太高風險的投機炒作。收入不穩者，建議在財運上有要好的信念，就可以帶來好的運氣，多吃白色的食物，可以補財運。

感情

感情剛萌芽的階段，一定要多觀察與相處，不要刻意討好對方。不要用銀彈攻勢去買很多東西送給對方，這樣會有桃花破財的現象。想要增加感情運勢可以多吃蘋果。

事業

工作上遇到小人，不要正面衝突，建議勿暗箭傷人、勿鋒芒太露，行事低調，凡事懂得保護自己，注意工作上的口氣，勿任意指使他人，小心應對。

運勢運程月份小叮嚀

建議你，不要想討好別人，本月做事說話都要保守，多注意他人的感受。整體而言，桃花運有待加強，改變一下自己對感情的態度，有助於感情的發展，常吃番茄提升整體運勢。

鼠 牛 虎 兔 龍 蛇 馬 羊 猴 雞 狗 豬

農曆十月

健康

本月的健康問題，多與情緒有關，情緒起伏較大，心情不佳容易抱怨，易造成與他人爭吵的情況出現，建議尋求專業上的協助，以免形成憂鬱症。

財運

本月捐出一部份金錢，給需要的社會公益團體，可以避免破財，多吃紅豆，可以補財運。財運上必須憑個人努力才能獲得小財。

感情

與伴侶溝通上記得多體諒、多包容，站在對方立場著想，兩人感情會更好。單身者準備迎接桃花上的改變，穩定自己的心情，避免爛桃花出現，不適合的人選不要強迫自己接受。

事業

工作上人事有些變動，但不會影響到你的工作，建議你在辦公桌上擺放綠色植物一個月，化解小人攻擊與困境，要注意人際關係上的發展。

運勢運程月份小叮嚀

本月的桃花運不盡理想，可能對於伴侶的挑剔過多，而引起對方的不悅，要多說感恩對方的話語。本月心神不寧的事情多，建議放下擔憂，學會安定自己，也能夠給予別人力量。

健康

本月在健康上，需要注意關節舊疾，要格外提防舊疾復發的可能，建議儘量避免太劇烈運動，多補充膠質，並適當的運動即可，保持心情愉快。

財運

財運方面，可能會有一些破財的小現象，財去人安樂，不用太在意。投資上不要太過執著，財運會因此受到影響，避免不必要的金錢借貸，避免錢財損失。

感情

單身人士的戀愛運強，建議拿出熱情，多體貼他人，容易讓別人感覺美好，多一些同理心，可以讓別人對你有好的印象。因為應酬及聚會頻繁，有機會遇上合眼緣的對象。

事業

公司有外派外地或出差的機會，可以好好把握，會有不錯的工作發展，對於事業發展更有利，善用人脈，多認識工作上相關的朋友。

運勢運程月份小叮嚀

生活中開始感到無奈，建議你好好的觀察每一件事情，相信你可以看清楚其中的脈絡，想盡力去改變現狀，卻力不從心，認真反省與檢討，事情的發展變化會越來越好。

健康

身心靈因為壓力過大，所以不妨在近日安排旅遊外出，可以舒緩情緒上的壓力。本月容易情緒不穩，神經衰弱，睡眠品質大受影響。

財運

想要增加財運的機會，可以多去吃黃色糖果，可以增加財運。少些應酬與吃宵夜，可以避免不必要的花費。謹慎保守，盡量把錢留在自己身上。

感情

檢視自己的心態，多與對方相處，有助於新戀情的發展，好好珍惜眼前的幸福，感情穩定中求發展，會有好事發生。單身已久的朋友，可以多吃蘋果，對自己的桃花有幫助。

事業

經營事業者，可以開拓市場，好好計劃下一步，對外發展更為有利，本月多走動，可以創造業績與人脈，增強行動力是本月的目標。

運勢運程月份小叮嚀

充滿信心，可以讓你事事都順利。不要因為別人的耳語，而改變你的計劃，不要太在意別人對你的看法，否則容易讓你停滯不前。

馬

幸運數字：3、9
幸運色：藍色、綠色

生肖屬馬的朋友

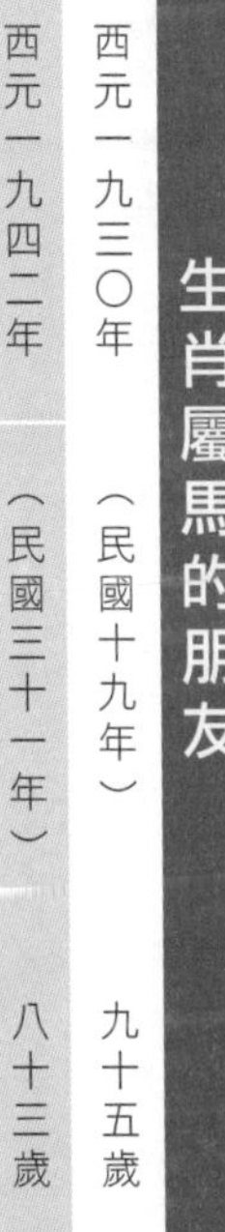

西元一九三〇年	（民國十九年）	九十五歲
西元一九四二年	（民國三十一年）	八十三歲
西元一九五四年	（民國四十三年）	七十一歲
西元一九六六年	（民國五十五年）	五十九歲
西元一九七八年	（民國六十七年）	四十七歲
西元一九九〇年	（民國七十九年）	三十五歲
西元二〇〇二年	（民國九十一年）	二十三歲
西元二〇一四年	（民國一〇三年）	十一歲

開運錦囊

家宅人安金帛足
吉星朗照鴻運福
逢凶化吉自安樂
災厄遠離如意生

龍年運勢運程

農曆一月

健康

本月很容易因為粗心，而導致受傷，避免激烈的活動，並將家裡尖銳物品收置妥當，不要常常抱怨，容易形成負能量。

財運

本月財運大增，有貴人相助，事業發展順遂。偏財運旺，有投資理財獲利的機會，也可以買彩券。多做公益，也會累積未來財富。

感情

已婚者要注意，不要因一時意亂情迷，而惹上不必要的爛桃花。而未婚的朋友，也要注意爛桃花的出現，對方若是不真心，你也要懂得抽離，不要太過投入。

事業

由於貴人出現，不要害怕人際關係的惡化，處事圓融低調，能夠成功，工作勤奮努力，成果展現良好，多喝桂圓茶。

運勢運程月份小叮嚀

本月不管在哪一個方面，都不要說謊欺騙身邊的人，哪怕是善意的謊言都不要，事業有進展的一個月，提出新計畫，稍微思考，不宜馬上做決定。多關心家人身體健康，一切順利。

健康

健康受到能量場的影響，所以集中精神才駕車，注意行車安全。避免因為精神緊張而讓失眠惡化，不妨多聽能夠放鬆的音樂。

財運

工作上有不錯的表現，努力可以會為你帶來財運。本月可以參加抽獎或創意的活動，會有意外之財或獎賞。本月在投資理財方面，宜保守。

感情

單身的朋友戀愛運強，應酬及聚會頻繁，有機會遇上適合的對象，建議你說話低調保守，說話謙卑，這樣才能吸引別人的注意，多吃蘋果提升感情運勢。

事業

無論工作上的精神狀態都要十分投入，意志力也要較堅強，什麼事情你都願意承擔，工作運旺，事事得以有好的發展。懂得保守做抉擇，擁有積極的決斷力，對工作有幫助。

運勢運程月份小叮嚀

勿自亂陣腳，不安的心情會影響到自己做事情的判斷力，做事要有計劃。本月的投資理財要趨向於保守，家宅中容易破財，巡視一下家中有無漏水的狀況。

鼠 牛 虎 兔 龍 蛇 馬 羊 猴 雞 狗 豬

健康

健康運佳，人有精神，做事變得積極有自信，也較少出現負面想法，即使遇上煩惱，也能夠很快的轉念，讓自己開心，不讓心情影響生理，多曬太陽保持正向思考。

財運

不要與他人談論錢財的問題，避免他人覬覦錢財，千萬不可露白。在財運方面，一定要保守多儲蓄，避免無所謂的開支，減少購物也可以預防破財。

感情

感情方面，保持樂觀的心。這時候要提升感情運勢，不妨來個小旅行。已有穩定伴侶或是已婚的人，可能會因為工作而忙碌而冷落了對方，要注意要多關心對方。

事業

同事之間的競爭激烈，不要貪心、不要求好，也不要故意去討好他人。努力做好自己該做的事情，公司就算有不穩定，也不要自己馬上出意見，工作上不要強出頭，為人解決是非，以免惹禍上身。

運勢運程月份小叮嚀

身體方面，可能會出現一些小毛病，因為身體不適會與伴侶爭執，記得以和為貴。任何事情還是會有好的轉機的，只要你的心念一轉，好運也會跟著來，農曆初一、十五可以吃紅豆湯圓開運。

健康

腸胃較弱，容易出現肚子痛的情況，外出飲食要特別注意衛生安全。有慢性病要持續的看醫生，注意身體健康很重要，充足的休息，才有更多的體力做更多的事情。

財運

本月增加財運，財運亨通。多喝甘蔗汁，提升貴人運。不要過度信任他人，而把錢財管理交給對方，避免一時不查而破財。

感情

建議你，不妨透由男性的長輩介紹，發展的感情較為順利。對感情容易因為受傷而看淡，建議轉移注意力，本月專注在工作上較佳。

事業

睡眠不足而影響工作上的表現，人際關係充滿暗湧，容易因溝通不足，惹來不滿及遭人埋怨，人際關係不夠圓融，影響工作運勢。

運勢運程月份小叮嚀

在聚會當中可以發展自己的嗜好，建立良好的人際關係，並且明白表達自己內心所想像，內心所需要的。注意家中家宅修繕的問題，有問題提早整修，避免破財。

鼠 牛 虎 兔 龍 蛇 馬 羊 猴 雞 狗 豬

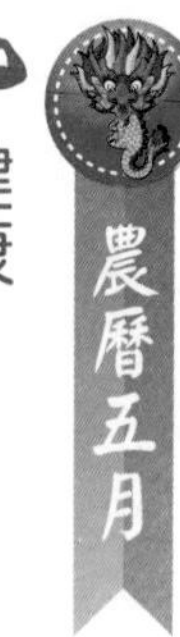

健康

本月需要外出踩好運，多約朋友們出去運動，可以舒緩心理上的壓力，對自己的身心方面都有幫助。女士們要提防婦科的婦女病，男生要注意泌尿道系統。

財運

本月有不錯的賺錢運勢，財運上還是有進展的，可以放一根迴紋針在口袋裡，避免破財。腦筋動得快的人，懂得變通的人，就有機會增加財運。

感情

透由家人朋友介紹，會遇到不錯的對象，桃花運開。已經有對象的朋友，避免因為小事情爭吵，建議多包容就可以解決問題。

事業

工作上得心應手，本月事業運增強，多穿紅色的衣服或飾品，對自己事業運有幫助。多喝桂圓茶對事業運有提升的作用。

運勢運程月份小叮嚀

運勢開始回穩，工作上出現突破的機會，凡事不能操之過急。桃花運強，貴人運強，事業運亦順暢，心情變得自在又開朗。本月勿與他人起爭執，能夠和睦愉快的度過一個月。避免無心之過而傷害他人。

健康

身體方面出現莫名其妙的疼痛，記得還是要去醫院做檢查，找出病因，不要亂服用止痛藥，避免身體腎臟肝臟負擔過多。注意自己內心心理紓壓的部分，不要將過度悲傷的情緒留置於心中太久。

財運

本月是財運豐收的一個月，可能有意外之財或是額外的獎金，建議多存錢少花錢，避免不必要的花用，也可以買買彩券，試試好運氣。

感情

在感情中，兩人可以培養共同的興趣，多相處。本月感情，注意身邊友人的介入，建議多與另一半多相處，單身者多外出聚餐，有機會提升桃花運。

事業

建議在工作上，不要多管閒事，避免惹禍上身，說話小心隔牆有耳。現在所遇到的工作瓶頸，不妨把它當作一個耐力訓練期，比較不會有失落感，越受挫折越要勇敢。

運勢運程月份小叮嚀

用感恩的心看待他人的付出，你會發現自己擁有更多正向的力量，可以幫助更多的人。本月做事要腳踏實地，面對真實的自我，懂得理解他人的用心。

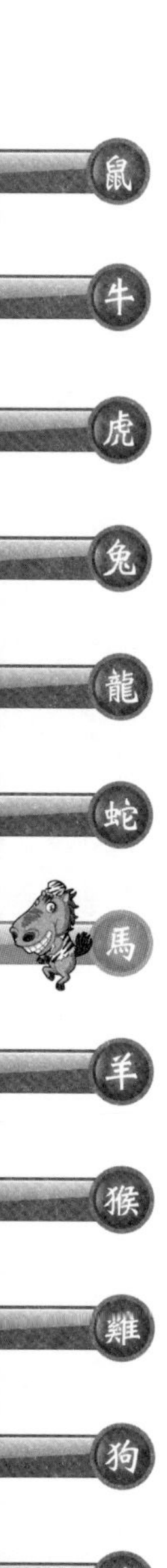

農曆七月

健康

小心刀傷，避免刀刃器具的使用，多吃營養的食物，可以為你帶來健康，身體需要好好的休息，多按摩可以促進新陳代謝，疏通淋巴對自己的身體健康有幫助。

財運

本月的財運有提升的機會，能夠做投資理財，把握天時地利人和的好運勢，多做功課，做規劃，可以增加不少的財運。

感情

未婚者，會有好的對象出現，好好把握身邊的人。感情當中要彼此互相忍耐，多做溝通，衝突只會傷害感情。身邊的人，有對你展開熱烈追求的可能性，發展較為緩慢也沒有關係，此時可以享受被愛的感覺。

事業

工作上有一些波折，切記不要發脾氣，否則容易成為對方攻擊的理由。不要與他人起衝突，保留一些私人的秘密，提防小人的傷害。

運勢運程月份小叮嚀

本月外出旅遊，最好確認所有行程的安排，並且預購相關保險，能夠有保障。感情要有耐心維護，給對方空間，也要懂得同理心。

健康

最近容易有莫名的情緒低落問題，要多注意睡眠品質，人只要一旦沒有足夠的休息，就容易變得蒼老，建議你，心情若有沮喪或不開心的時候，可以找人訴說舒壓一下，聽聽別人的意見，可以得到不少的收穫。

財運

本月不要聽從朋友的建議做投資理財的動作，很可能會有破財的狀況出現。擁有小小的偏財運，可以好好的運用財運，投資理財要謹慎小心。

感情

談戀愛不宜過份高調，避免引起他人嫉妒，感情中避免跟對方產生爭執或是冷戰，雙方要懂得多付出，相處上要學習互相遷就、願意溝通與道歉，這樣感情就可以增溫與和諧相處。

事業

在職場上有不錯的表現，領導能力備受肯定，注意小人的出現，想要有轉換職場的念頭，建議先冷靜，或先找到新工作，再談離職。多吃黑糖可以幫助突破困境。

運勢運程月份小叮嚀

居住上的環境可能會有一些變化，要多提防與小心。本月脾氣暴躁，容易與人起爭執。飲食習慣多以清淡為主，對自己健康運上有幫助。

鼠 牛 虎 兔 龍 蛇 馬 羊 猴 雞 狗 豬

農曆九月

健康

預防水土不服，不妨外出的時候帶一瓶家鄉的礦泉水，隨身攜帶。避免進行山路冒險，或者是危險的運動，避免影響健康。

財運

財運有增強，建議你要積極的去爭取財運，把握每一個可以創造財運的機會。財運上欠缺力量強大的貴人，凡事要親力親為，不宜過分依賴，要有自己的理財計畫。

感情

經歷反覆離合，不妨以聚少離多的方式相處，多給予對方多一點的空間，不要緊迫盯人，也不要想要控制對方，對兩個人的感情都有利。

事業

事業上有遇到小小的困難，不要害怕，還是能夠有所解決。避免鋒芒太露，提防口舌之爭，工作上帶來壓力，要注意情緒的控制跟拿捏。

運勢運程月份小叮嚀

事業運有向上的趨勢，但是情緒有些焦急，對於無法控制的事情感到不安，擔心突發事件而顯得沒有安全感。了解自己的興趣非常重要，努力去執行，築夢踏實，夢想也可以被實現，不要小看自己。

健康

注意力無法集中，做事也提不起精神來，所以無論如何都要找時間讓自己能夠有充分的休息。避免因為腸胃消化吸收不良，而產生的疾病。

財運

偏財運理想，憑小道消息投資，偶爾也會有不錯的收穫，財運波動屬平穩的狀態，破財的時候，記得多吃黃色食物，能夠補回錢財。本月不妨多穿紅色的衣服，可以增加財運催財的作用。

感情

本月的感情，有機會透過聚餐聊天而遇到可以交往的對象，與對方多一些的認識，好好把握感情桃花開的時機，可以多吃紅色食物。

事業

凡事先難後易，別抱怨公司，很容易傳到上司的耳裡造成誤會。工作上不妨主動出擊，爭取機會，會有更充分表現的機會。

運勢運程月份小叮嚀

貴人運強，財運轉好，有不錯的投資機會。各方面都好的一個月，工作上有好的表現，感情發展平順，不過人際關係相處上要低調，不要誇耀自己的能力，學習謙虛沉著應對。

健康

改變家人的飲食，讓生活更健康，日常作息要改變，多運動，少滑手機。重新安排作息表，多點運動，加強個人的抵抗力，多曬太陽有幫助。

財運

財運上遇到難題了，錢財入不敷出，修正一下自己的消費行為，減低自己的購物慾望，對財運上也有幫助，建議要做財務上的總體檢。

感情

本月的感情、工作和生活，需要取得平衡點。好好的規劃感情跟生活、事業的分配，本月常覺得沒有安全感，因為不信任對方，會讓對方感覺不被尊重。

事業

受到批評，而遭受打擊，也不要失去對工作上的信心。工作上容易因為散漫而出錯，一定要勇於承擔不要推卸責任。

運勢運程月份小叮嚀

遇到負面能量較強的朋友，可以多鼓勵他們，你也可以漸漸成為他們抒發心情的對象，學會將心比心的課題，但是要記得不要被影響，聽完他們的抱怨之後，要懂得消化與沈澱。

健康

容易疲勞、筋骨痠痛、腸胃有毛病，可以多休息、外出運動或走動，戶外踏青，可以提升自己的健康運。

財運

本月不要聽別人亂報消息而投資，不隨意判斷，避免因為貪心而破財。工作動中生財，往外發展也可以為自己帶來財運，投資理財的部分，建議勤做功課。

感情

沒有另一半的朋友，可以帶一個粉紅色的水晶或是蝴蝶結飾品在身上，可以提升自己的桃花運勢。男性方面則攜帶銀色飾品，對自己的感情運有提升的幫助。

事業

個人的魅力提升，增加耐心，工作運大增，貴人也出現，工作運勢轉好，大家都喜歡你，保持圓融的人際關係，對事業有幫助。

運勢運程月份小叮嚀

不要因為想要討好別人，而誇耀其詞，說出違心之論，凡事腳踏實地，做事才會贏得他人的信任，凡事低調不張揚，才能顯得成熟穩重。

幸運數字：9
幸運色：綠色

開運錦囊

吉曜福生自帶光
鴻運臨逢備受中
千吉祥瑞入命中
納福集瑞喜祥榮

生肖屬羊的朋友

西元一九三一年	（民國二十年）	九十四歲
西元一九四三年	（民國三十二年）	八十二歲
西元一九五五年	（民國四十四年）	七十歲
西元一九六七年	（民國五十六年）	五十八歲
西元一九七九年	（民國六十八年）	四十六歲
西元一九九一年	（民國八十年）	三十四歲
西元二〇〇三年	（民國九十二年）	二十二歲
西元二〇一五年	（民國一〇四年）	十歲

龍年運勢運程

健康

參加聚餐一定要注意食品與環境上的衛生，如果有衛生上的顧慮，就不要進食，本月盡量減少外食的機會。注意心情，容易緊張，脾氣較差。

財運

財運方面，有新的合作機會，並且在工作上有進展，有意進軍海外市場者，本月將會遇到適當的時機，今年的業績將會更進一步。

感情

本月桃花的吸引力大增，魅力四射，可謂桃花運非常旺盛。人際關係上，避免衝突與聚少離多的現象，而產生感情的變化。想要擁有桃花對象的朋友，可以多吃麥芽糖。

事業

工作態度需要修正，學習願意付出，在工作上必定有所成就。計畫一下自己的工作流程，檢視自己的工作態度，工作的表現會漸入佳境。

運勢運程月份小叮嚀

人際關係複雜的一個月，脾氣不穩，容易與人吵架，宜加強溝通，運勢動盪的一個月，生活中不宜出訪旅遊，容易破財。謹守自己工作崗位，少批評他人，人際關係則可避免無謂的紛爭。

農曆二月

健康

留意眼睛疼痛、視力退化的問題，如果視力不舒服，一定要去檢查，避免長期的使用手機，也不要在光源不佳的地方使用手機。注意負擔過重的食物，都不宜攝取。

財運

財運順遂，一定要好好把握財運開創的機會。在財運上面的累積也會有增加，但不宜聽信別人的建議而投資，容易遭致損失。

感情

桃花運旺，可以在交友的場合結識到喜歡的對象，多認識朋友也是一件很棒的事情，不妨請朋友多舉行聚會，製造機會讓你認識另外一半。已婚的人士家中出現小爭執，瑣事不斷，不妨耐心溝通，好好相處。

事業

工作上不要因為他人的干擾或影響，而產生對事物有歧見的看法，也不要產生對工作負面的想法，態度不要消極，對於訊息的解讀，不要太過負面。

運勢運程月份小叮嚀

本月不宜做重大的決定，容易影響個人的情緒，易做出錯誤的決定，多接觸大自然放鬆身心，留意人際關係，保持距離、減少摩擦。初一、十五吃紅豆湯圓，可以提升整體運勢。

健康

多約朋友們出去運動，除了可以聯絡感情之外，還可以卸除掉心理上的壓力，對自己的身心方面都有幫助。

財運

勿借貸他人錢財，避免金錢上不必要的借貸，以免破壞了你所信任的友誼。本月想要增加財運，可以去吃烤地瓜，可以補財運。財運上開源節流很重要。

感情

異性緣旺，讓別人有機會與你接近，多聊天，多聚餐。避免因為對他人過度的熱情，而引來另一半不悅，所以要小心感情的煩惱跟紛爭，不與他人發生曖昧的情愫，自己要有所控制。

事業

工作上沒有太大的改變機會，但是願意接受當下的變化，便是提升工作運的開始。建議多吃黃色食物，可以幫助提升工作運勢。

運勢運程月份小叮嚀

容易為家中事物煩惱，對於突如其來發生的事情感到無力，留意家中長輩健康，此月留心桃花破財，不宜與異性投資理財，小心有人覬覦錢財，別有用心，凡事不要輕易做決定。

農曆四月

健康

健康方面，不隨意亂服用藥品。平常的飲食要定時定量，三餐要正常。平常一定要有運動的習慣，注意脂肪肝，注意睡眠，日常作息要正常。

財運

在財運方面，避免被合作夥伴出賣，連累自己，財運上心太軟的結果，會讓你感嘆人善被人欺，好心沒好報，給好朋友方便，結果苦了自己。

感情

感情陷入自我，不要逃避該溝通的問題。單身渴望嚐甜蜜戀愛滋味的朋友，可以主動請身邊的人介紹，多吃紅色的食物增加姻緣桃花運。

事業

切勿自作聰明而做出錯誤的決定，作決定前要謹慎思考，勿批評他人的行為，避免造成誤會而引起紛爭。工作上要主動積極，努力求表現。

運勢運程月份小叮嚀

平常有運動習慣或喜愛運動、戶外活動者，要特別提防意外的受傷，出外注意安全。此月容易破財桃花劫，小心桃花出現是有目的的，要保護自己，不要太輕易相信認識不久的朋友，懂得保護自己。

健康

避免接觸利器、或是刀刃，機械操作要特別注意安全，操作時要集中精神，提升專注力，本月容易有刀傷。

財運

本月偏財運佳，會有獲得獎金的可能，認識新客戶的機會增加，要好好把握，本月財運人緣桃花增加，有助於工作上財運的增加，在財運上多努力，本月會有好收穫。

感情

本月感情上遇到冷淡期，難有發展相處的機會，建議多吃番茄，可以改善兩個人相處的關係。想要與他人關係再進一步，不妨多安排聚會聊天的機會，可以多了解對方。

事業

避免無心之過的傳達他人的訊息，而導致誤會的產生，要注意避免因為心情影響工作表現。這個月易受到人事的糾紛，建議應盡量保持低調。

運勢運程月份小叮嚀

盡量減少吃成藥跟打針看病的機會，要提振自己的生活作息，多曬太陽多運動。本月有貴人相助，可以主動爭取機會表現，可以令上司留下好印象。

農曆六月

健康

本月多吃綠色食物，有助身體健康，建議將家裡打掃乾淨，去除塵蟎灰塵，以維持呼吸系統的正常，並且避免呼吸道系統的舊疾復發。

財運

打工有機會加薪，認真工作很重要，家中可能因為搬遷、裝修或維修需要突如其來的支出，本月財運、偏財運皆旺，但不可過分貪心，見好就收。

感情

單身想要增加桃花運的朋友，可以攜帶銀色的飾品在身上，可以保持吸引力。對於戀情，要明白欲速則不達的道理，在感情當中需要多一點耐心與等待。

事業

利用這個月好好的進修，凡事花多一些耐心去面對，工作上的貴人出現，工作壓力會得以釋放。

運勢運程月份小叮嚀

驛馬星動的一個月，出門的時候凡事小心，在事業上靈感創意不斷，工作運順暢。注意感情的發展，要懂得珍惜，才能擁有得更長久，凡事都不用太過於執著。

健康

健康沒大問題，屬平安健康。多抽時間做運動，可以增加免疫力之外，還可以減重。本月注意飲食問題，避免體重超標，引發其他的慢性病。

財運

醫療開支也有機會增加，各方面的支出都比以前多，要更懂得善用資金。建議自己投資理財部分要勤做功課，避免因為貪心而失去更多的錢財。

感情

單身的朋友，可以多參加聚會聊天，對尋覓新的對象有幫助，多吃紅色的食物可以開運。已婚的朋友，記得減少吃喝玩樂的機會，多放點心思在另外一半身上。

事業

想要轉換工作環境，可以借助貴人或舊同事的幫助，成功機會大，要主動詢問工作的機會，工作態度要趨向積極正向，才能有更好的機會出現。

運勢運程月份小叮嚀

本月是一個變化的月份，很多事情很難掌控，不要有太大的得失心。家宅出現小問題，可能需要維修，注意家中長輩健康。

農曆八月

健康

多關心家人身體健康及其情緒。避免食用膽固醇過高的食物及預防糖尿病，記得多運動多流汗，促進新陳代謝。

財運

財運平穩，理財要有未雨綢繆的心態，不要輕易的消費，容易會有消費上的破財。工作賺得多，購物慾望要減少，才能累積財富。

感情

感情變淡，建議坐下來好好與對方溝通。不要說出不好聽的話與傷到對方自尊，學習尊重，學習包容。單身者，感情有發展機會，想要進入一段穩定關係的發展，可以多花一點時間來經營。

事業

工作上進入適應期，凡事謹慎保守，要避免同事的紛爭，勿捲入是非當中。做事情勿陷入兩難局面，謹慎思考。

運勢運程月份小叮嚀

本月不宜進行劇烈的運動，注意關節疼痛的問題。本月有貴人相助，凡事做好準備，即可順利過關，遭人背後攻擊也不要害怕，事實很快水落石出。

健康

在健康方面，心情紓壓也是身心健康的一部分，如果心中有壓力，要能夠有紓解的方式，陪家人聊天也可以紓壓，注意婦科或泌尿道系統的發炎狀況，不要太過勞累，多休息。

財運

本月宜動不宜靜，主動尋找投資理財的機會，對自己金錢財運增加有幫助。盡量將錢財留在身邊，減少花錢的機會，想要提升財運，可以多吃黑糖。

感情

想要發展新戀情，可以請朋友推波助瀾。有對象的朋友，感情運平平，要懂得珍惜。勿過度專注在工作上，不自覺的冷落了身邊的伴侶，請多付出關心，否則會有冷戰的機會。

事業

本月心要堅定，不要害怕人際關係的變化，處事圓融低調，能夠成功，工作勤奮努力，成果展現良好。

運勢運程月份小叮嚀

注意財運上的破財，不宜做任何投資理財的動作。健康上要注意頭部外傷，宜多休息。家中的長者健康關於慢性病疼痛的問題，需多加留意，而且要有耐心陪伴。

農曆十月

健康

健康方面，支氣管會較虛弱，需要特別居家清潔及注意家中空氣品質，建議將家裡打掃乾淨，去除灰塵塵蟎，以免呼吸系統舊疾復發。

財運

努力規劃財務，主動尋找投資理財的機會，對自己金錢財運增加有幫助。今年財運守財不借貸，不情緒消費，多吃黃色的食物，可以增加財運。

感情

本月易因桃花而破財，切勿贈送物品來討好對方，可能失去錢財，反而也得不到對方的心。想要提升感情運，請在農曆初一跟十五吃紅色的糖果，提升桃花運。

事業

工作上的合約跟文件一定要小心處理，再三仔細，慎衡量，減少出錯的機會。與同事多聯繫，多增加感情，避免摩擦增多，影響工作。

運勢運程月份小叮嚀

本月的健康受到心情的影響，一定要想辦法提升鬥志，不可以有意志消沉的狀況，趕快提振一下精神吧！外出走走或是來個小旅行是不錯的選擇。合作出現新契機，有耐心、有毅力就會有好的變化。

農曆十一月

健康

健康方面，要留意有關喉嚨、氣管方面的問題，增強自己的免疫系統，注意身體健康，慢性病患要注意勿過度操勞。

財運

本月要妥善規劃財務支出，節省開銷與消費支出，不要聽小道消息而做出投資理財的動作，易破財。多吃黑糖補財運。

感情

收斂脾氣，減少與伴侶爭執或吵嘴的情況。避免插手伴侶的家事，會有吃力不討好情況，影響二人關係，令對方家人對你產生不滿的情緒。

事業

凡事不要抱怨，就可以避免事業運受到打擊。工作態度上要有正面積極的心念，更能夠成就自己的事業運，只要積極正向，做事就會得心應手。

運勢運程月份小叮嚀

如果壓力很大，不妨做些放鬆的事情，讓自己的心情變好，未來能有發揮的潛力。本月容易在身體上有一些耗弱能量的狀況，多休息，並注意自己的關節疼痛問題。

鼠 牛 虎 兔 龍 蛇 馬 羊 猴 雞 狗 豬

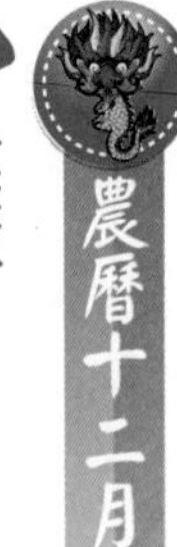

農曆十二月

健康

多留意身體循環的問題，還有腳部水腫的問題，少吃鹽份太高的食物，多吃清淡的食物。多吃蔬菜水果，加強體力，配合適當的運動，有助於身體健康。

財運

財運上要懂得開源節流，想要擁有財運，臉上微笑很重要，可以幫助財運的增加，增加人緣桃花，做善事更有幫助，本月財運提升有機會。

感情

與另一半有爭執產生，容易影響兩個人的感情和桃花運，記得可去吃杏仁補補感情運。

單身者礙於面子問題，可能不敢行動或是在感情上有爭執產生，建議先行道歉，就能夠贏得更多的疼愛。

事業

面對現在的工作，有機會爭取出差的好時機，會讓你的能力有所展現。凡事親力親為，抗壓力強，工作表現越來越受到重視。

運勢運程月份小叮嚀

注意關節疼痛的問題，身體上要注意腸胃疾病。本月可能受到身邊事物的影響，開始尋找自己內心深處的靈魂，建議你想要思考的時候，可以打坐或靜心，幫助你的思緒集中。

猴

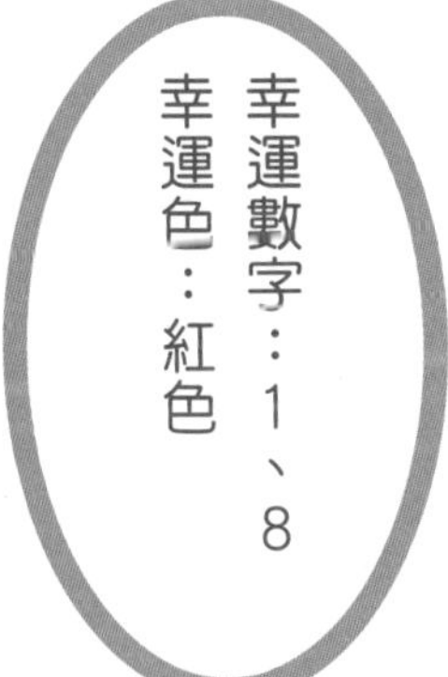

幸運數字：1、8

幸運色：紅色

開運錦囊

喜慶盈庭堆玉帛
吉星照耀萬事順
喜迎家運生福來
避免口舌無災厄

生肖屬猴的朋友

西元一九三二年	（民國二十一年）	九十三歲
西元一九四四年	（民國三十三年）	八十一歲
西元一九五六年	（民國四十五年）	六十九歲
西元一九六八年	（民國五十七年）	五十七歲
西元一九八〇年	（民國六十九年）	四十五歲
西元一九九二年	（民國八十一年）	三十三歲
西元二〇〇四年	（民國九十三年）	二十一歲
西元二〇一六年	（民國一〇五年）	九歲

鼠 牛 虎 兔 龍 蛇 馬 羊 猴 雞 狗 豬

龍年運勢運程

健康

本月健康良好，只要注意睡眠問題，不要有習慣熬夜，注意腸胃病或者是身體皮膚接觸污染源。避免大吃大喝，在飲食的方面一定要有所節制，避免腸胃的負擔。

財運

投資理財部分，宜保守做決定，避免投機炒作。在財運方面，偏財運屬一般，不宜過份擔心財運上的問題。多吃鳳梨或地瓜，對財運有幫助。

感情

自己對於感情的事情要積極主動，認識的朋友中，可以勤於聯絡，有助於感情順利發展，多喝汽水或是攜帶粉紅色飾品，可以增加桃花運勢。單身的朋友不妨透過女性長輩的介紹，有望展開新戀情。

事業

工作有新的發展與工作挑戰。尋求他人在工作上的肯定，對自我有信心，便能有更突出的工作表現。

運勢運程月份小叮嚀

工作上出現波折與小人，凡事要謹慎處理，說話要注意禮貌，不要對立惹到小人，心態上要能夠學習接受與理解。做事遇到波折，決定事情需要審慎三思，由於財運不穩，投資亦有損害。

健康

注意關節舊疾，並且要小心腰椎、手腳、膝蓋等關節上的疼痛問題，脊椎的毛病，如果有不舒適的地方，一定要尋求專業醫生的幫助，盡量不要亂服用止痛藥物。

財運

要注意錢財的劃分，財守在身邊才是真的財，在財運方面，要擁有新的創意創新，可以為自己增加財運。本月要減少投資理財的機會。

感情

本月多吃蘋果提升桃花運勢，感情方面，如果遇到對方態度曖昧不明確，這時候不要影響心情，努力的靜心觀察，靜觀其變。

事業

工作細節務必小心處理文件，注意工作流程，謹慎為前提，則可安然度過。建議不要在工作上與他人有所紛爭，不對立，和諧才是上策。

運勢運程月份小叮嚀

懂得為自己說出的話負責任，不要食言，事業順暢的一個月，有貴人支援，亦有新合作的機會，有好的發展機緣。建議在農曆初一的時候可以吃水煮蛋或是紅豆湯圓來開運。

農曆三月

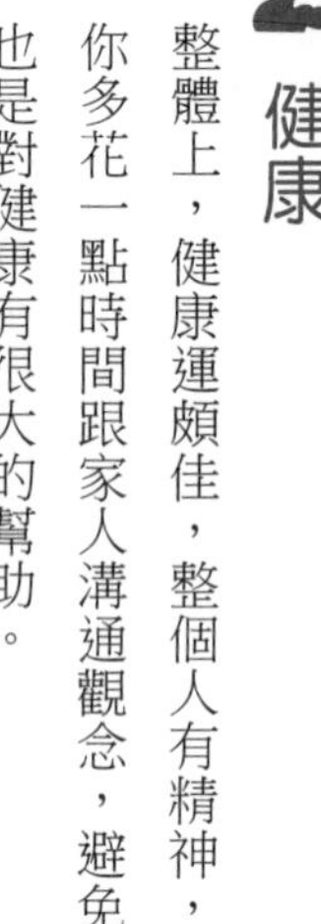

健康

整體上，健康運頗佳，整個人有精神，建議你多花一點時間跟家人溝通觀念，避免爭執也是對健康有很大的幫助。

財運

本月財運佳，不妨購買彩券，有贏獎的機會，減少自己在美食上的消費，可以增加財運。多接觸綠色，可以增加財運。

感情

多佩戴紅色的飾品提升感情的運勢。本月在感情方面較為固執，不愛聽別人的意見，此時一定要靜下心來，懂得反省自己，勿口出惡言傷人，避免影響兩個人的感情。

事業

面對流言蜚語，不加以回應，低調行事，專注在工作的表現上。同事之間相處十分融洽，在工作上面和諧協調，運勢大增。

運勢運程月份小叮嚀

用心努力去創造自己的幸福，也可以專注在自己的工作上，創造更高一層的成就，所謂勤能補拙，人還是要努力勤奮才有可能成功。重視承諾，讓別人感受到重視，別人也會同樣真心對你付出。

健康

健康無大礙，很多小病小痛都不用擔心，為了預防身體不適，時時注意觀察自己。定期檢查可以讓自己安心，多做運動亦可以提升自己的健康能量。

財運

在財運方面，小心借人錢財，被人拖欠借款。請勿做擔保人，避免投資失利或者被他人詐騙，一定要格外小心，多閱讀財經新聞，可以獲得更多財務規劃的資訊。

感情

倘若不介意年紀的差距，本月可以展開一段穩定的桃花戀情。想要提升桃花運，可以多曬太陽，多往陽光處走，能夠結識到條件不錯的朋友。

事業

行事低調，待人得宜，勿鋒芒太露，引起別人的忌妒，影響事業運勢。做事宜保守多思考，要能落實，才能有所發揮。

運勢運程月份小叮嚀

貴人運佳，貴人運上升，表面風光的一個月，但是內心暗潮洶湧，提防是非，減少麻煩事發生。工作職場上需要注意人際關係的變化，對人真心，得到也真心，注意自己的心情。

農曆五月

健康

本月健康頗佳，神清氣爽，做事有精神，有衝勁，不宜太過勞累，注意身心靈健康，多吃白色的食物。駕車人士要提防道路安全，本月容易有莫名緊張的問題。

財運

朋友之間的投資合作，切勿誤會收場，避免破財。建議你在簽署合約或看合約的時候，一定要小心進慎，避免破財，承擔責任。

感情

勿因情緒問題而與另一半冷戰。記得相處的時候多體諒，增加感情，避免誤會造成感情的傷害。兩個人的關係可能到了互相厭倦的狀態，一定要找時間溝通或是多相處，不要爭吵不冷戰。

事業

找回工作的熱忱，不要因為目前沒有受到肯定而放棄，工作上要設定目標，而且要能夠堅持到底，這樣工作上的潛力才能夠有所發揮。多吃麥芽糖，或是去土地公廟拜拜，都會有幫助。

運勢運程月份小叮嚀

事情容易出現變化，但賺錢力不俗，好好的發揮，便能有所收穫，財運不俗的一個月。本月小心麻煩事接踵而來，一波三折，要有耐心去處理危機事宜，一切皆能化險為夷。

健康

在健康方面要注意自身的安全，活動方面，如果要進行高危險的運動，一定要特別注意保護四肢。對於常常從事電腦工作，或是喜歡玩手機的朋友，要注意自己的脊椎跟手腕不適的狀況。

財運

審慎的做好財務的計畫，對財運有幫助，本月財運有成效，建議你不要把本月的錢財都用在吃喝玩樂上，要有所節制。小額投資，小額獲利不貪心。

感情

本月感情，跟伴侶的相處取得平衡，多關心另一方，避免冷落對方而影響兩人之間的感情。遇上合眼緣的對象，不妨多加留意，多聯絡彼此。保持適當距離，反而能夠和睦相處。

事業

做錯事情，自己要懂得補救，凡事要親力親為，不能有半點疏失。情緒低落，以致於工作運不佳，不妨放短期假期出門放鬆心情。

運勢運程月份小叮嚀

本月做事不妨積極進取一點，靠自己反而有不少的收穫。貴人運差強人意，凡事需要靠自己，慎防小人出現。桃花運旺，多留意身邊的異性。

鼠 牛 虎 兔 龍 蛇 馬 羊 猴 雞 狗 豬

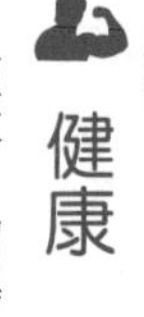

健康

在本月的腸胃消化系統方面，容易出問題，所以食用食物時，一定要記得細嚼慢嚥。女士們要提防婦科的婦女病，男生要注意泌尿道系統，切勿忍尿。

財運

家宅當中，突然有整修的開支，或是破財修繕部分，要特別注意，一定要為自己預留一筆應急的錢財，做好準備，才能保財。

感情

感情出現原地踏步的狀況出現，平穩沒有太大突破。單身者，容易在外地遇到戀情，建議多往外走走。但如果是已婚對象，請克制自己的情慾。

事業

工作上雖然辛苦，但只要願意懂得付出，努力的創造自己得以表現的機會，注意身邊的貴人，會未來帶來更多學習與成就。

運勢運程月份小叮嚀

合作出現新契機，但工作人事上面出現紛爭，慎防因口不擇言而惹事端。注意頭的外傷，工作運出現波折，但不要過度沮喪，會影響到運勢，凡事都有新的發展變化，要能夠學習接受與理解。

健康

本月較多小病痛，而且可能有舊患復發的情況，需要特別留意個人健康問題。多注意腸胃及消化系統，建議飲食應以清淡為主，不要大吃大喝，避免腸胃無法負擔。

財運

本月有人要找你兼差，不妨可以試試看，會有額外的錢財入袋。辛苦過後必有收穫，把握天時地利人和的好機會，賺點外快，順便可以提升工作能力。

感情

兩人感情要溝通，互相傾聽很重要，溝通不足，會有小誤會跟小爭吵發生，感情上必須多加忍讓。建議融入對方的交友圈，避免因為閒言閒語影響了兩個人之間的感情。

事業

公司或管理階層，出現一些變動，對自己影響不大，但需要接受，懂得適應很重要。好好的處理工作上人際關係的事宜，避免得罪小人影響工作。

運勢運程月份小叮嚀

避免官司惹禍上身，本月要注意駕駛車輛，提振精神要專注，注意睡眠，做運動時要暖身，避免意外受傷。用心努力去創造自己的幸福，也可以專注在自己的工作上，創造更高的成就。

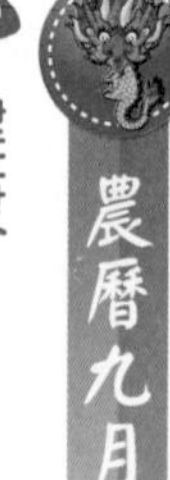

農曆九月

健康

在健康方面，要多喝水，多補充蔬菜水果。凡事想法正面樂觀，心情愉快，身體健康也自然較佳，所以維持好心情，對健康也很重要。

財運

財運方面，有新的合作機會，並且在工作上有進展，在財運上面的累積也會有增加，多構思財務上的計畫，有計畫就能提升財運，能夠守財就是發財。

感情

對於戀情，要明白欲速則不達的道理，在感情當中需要多一點耐心與等待。想要追求好的桃花，可以在自己的包包當中，放上一些巧克力，對提升感情運勢有幫助。

事業

工作上是穩定性較高的一個月，工作機會大增，穩定的情緒可以幫助你展現能力，發揮自己的創意，讓工作展現更充實的實力，未來讓人刮目相看。

運勢運程月份小叮嚀

本月要提防人事爭鬥，注意人際關係，不要與人發生口舌之爭，情緒一發不可收拾，避免造成無法挽救的傷害。本月身邊有貴人相助，事業順利，提防家中需整修的小破財。

健康

容易有血光之災，可能又有手術的狀況，所以一定要注意自己自身的安全。偶爾會有偏頭痛的狀態出現，這時候不妨多喝溫鹽水可以改善，或者晚上洗澡時用鹽米除穢包去除晦氣。

財運

結交新朋友因為交際而破財，太頻繁的吃吃喝喝，無形中增加開銷而破財，擔保之事千萬別輕易承諾，要懂得開源節流。

感情

想要增加桃花運的朋友，可以攜帶紅色的飾品在身上，可以保持吸引力。已經結婚的朋友，爭執明顯減少了，本月是增進桃花感情的一個月，兩個人可以增加相處的機會。

事業

工作上容易出錯，自己要懂得補救，凡事要親力親為，不要過度依賴他人的決定。工作情緒低落，以致於工作運不佳，不妨放短期假期出門放鬆心情。

運勢運程月份小叮嚀

此月為劫財月，注意用錢的方向，避免大筆投資。注意身邊同事跟朋友之間會有口舌之爭，不要插手管他人閒事避免有紛爭出現。本月不適合給他人太多的意見，避免因為意見表達錯誤而引發誤會。

鼠 牛 虎 兔 龍 蛇 馬 羊 猴 雞 狗 豬

健康

在健康方面，多留意行車安全，避免因為車輛碰撞而受傷。注意家中的居住安全，雜物請不要堆放在家中，可以利用這個機會一併做清理。

財運

工作有些奔波勞碌，不怕辛苦，財運就會有所收穫，本月的財運靠自己的努力而得財，多吃鳳梨補財運。

感情

本月出現不少桃花運，但是由於個人的心態動盪不安，對方的態度不明確，讓自己有點進退兩難的矛盾情況。感情需要投入多一點的時間，跟多一點耐性的培養。

事業

工作的發展需要時間，很多事情需要循序漸進的步驟，做事有耐心，工作態度積極，工作上的成就感大增。

運勢運程月份小叮嚀

此月要提防小人與官事，勿情緒失控，建議你，不要因為想要討好別人，而誇耀其詞，腳踏實地做事，才會贏得多數人的信任。本月做事要腳踏實地，面對真實的自我，不需要刻意討好他人。

健康

多補充維他命或是維生素，蔬菜水果不可少。沒有足夠的睡眠，導致你情緒不佳，睡眠品質是影響你健康的關鍵。

財運

財運上不借貸他人，錢財運用要更加小心。留心錢財損失，外出旅遊要小心扒手或是小偷的出現，避免錢財露白而破財。

感情

本月桃花運強，可以多參加聚會，尋求表現，會展現自己的優點。不妨從身邊好友、朋友介紹當中，找尋心儀的對象。感情運佳，低調才能夠讓戀情有所發展，勿高調談論感情或炫耀。

事業

工作上受到人為的問題，處事多些耐性，行事要低調。遇到不講理的人，不要惡言相向，有耐心去化解，一定可以讓事業運好轉。

運勢運程月份小叮嚀

桃花運旺，多留意身邊的異性。事情容易出現變化，不要因此而抱怨生氣，學習接受，凡是冷靜就能有好的發揮，有所收穫。迎向正面的能量，有時候可以外出走走，讓自己有喘息的空間。

鼠 牛 虎 兔 龍 蛇 馬 羊 猴 雞 狗 豬

雞

幸運數字：6
幸運色：紅色、黃色

開運錦囊

內外亨通家道盛
福祿喜至萬事通
寬心勿憂心平靜
安康喜樂瑞福生

生肖屬雞的朋友

西元一九三三年	（民國二十二年）	九十二歲
西元一九四五年	（民國三十四年）	八十歲
西元一九五七年	（民國四十六年）	六十八歲
西元一九六九年	（民國五十八年）	五十六歲
西元一九八一年	（民國七十年）	四十四歲
西元一九九三年	（民國八十二年）	三十二歲
西元二〇〇五年	（民國九十四年）	二十歲
西元二〇一七年	（民國一〇六年）	八歲

龍年運勢運程

農曆一月

健康

勿從事高危險的運動，注意四肢手腳容易受傷或扭傷，要注意自己的人身安全。避免消化不良或食物中毒。小心大吃大喝引來腸胃疾病。

財運

本月經濟上有點拮据，盡量不要因為心情不佳而想要花錢買東西，購物慾望是應該要控制的，控制心情上焦慮的問題，讓自己睡眠充足，就不會胡思亂想。

感情

本月不要冷落情人，讓對方感覺孤單會引發爭吵，建議兩個人，不妨來個小旅行，重拾往日的溫馨甜蜜感覺，多花一點時間陪伴對方。

事業

工作上的人際關係受到離間與打擊，不要得罪他人，否則工作表現會受到影響。小人出現，影響工作運，做事保持低調，就能化險為夷。

運勢運程月份小叮嚀

本月有貴人相助，凡事能夠化險為夷，處事上面會遇到較多波折，最後都能夠獲得圓滿的解決。給予他人思考的空間，多了解別人的想法，可以進入別人不同的世界，開啟你不同的感受。

鼠 牛 虎 兔 龍 蛇 馬 羊 猴 雞 狗 豬

農曆二月

健康

注意腳部疼痛的問題，尤其是關節炎，不要過度勞累，必須讓雙腳休息，泡腳是一種好的選擇。腸胃較弱，盡量少吃生冷的食物，出門要注意飲食，避免服用藥物，避免傷腎傷胃。

財運

財運上有破財的現象，建議不要隨便借貸他人錢財，避免破財。財務規劃細節務必親自運籌帷幄，不只投資金錢，還要能夠深入了解。

感情

桃花運平順的一個月，避免過份的激動的情緒影響了自己的人際關係。小心有爭執爭吵的情形出現，對情人說話要有耐心，多關心對方，可以帶點紅色的飾品增加桃花運。

事業

避免錯誤的發生，在行事之前一定要謹言慎行，仔細做確認，工作上避免被他人陷害，執行業務之前務必確認流程。

運勢運程月份小叮嚀

精神緊張焦慮不安的月份，容易失眠，健康方面，睡眠品質不佳的一個月份，可以多做舒緩壓力的動作，平常要保持運動的習慣，讓自己流汗，可以增加健康的能量。

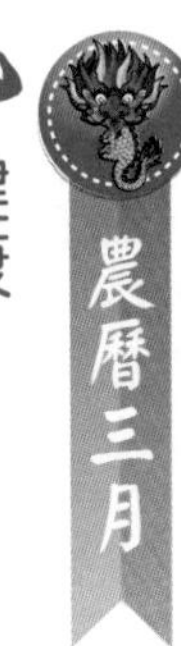

健康

想要提升健康，可以找機會多出外走動，多曬曬太陽，或是多運動流汗，可以促進新陳代謝。外出遊玩特別注意人身安全，不要往危險的地方冒險前進，玩樂時勿衝動。

財運

上班一族雖然不會收入增加，願意付出學習成本，無論學習或投資，都有些意外花費，不要難過，會再賺回來的，有時對自己投資也是值得的。

感情

已經結婚的朋友，桃花運平平。可以安排外出旅遊，可以重拾過往的甜蜜，增加感情，你們的生活需要一點火花。本月感情是多采多姿的一個月，有不少機會遇到心儀的對象。

事業

跟同事之間多做溝通，會減少摩擦，對工作運有幫助。工作上不要表達太多意見，建議你這個月勿管他人閒事，尤其不要批評同事。

運勢運程月份小叮嚀

很多事情沒有想像中那麼糟糕，別給自己太多負面的能量。本月的體力較為虛弱，需要補充加強睡眠充足，才有強盛的意志力可以做事。

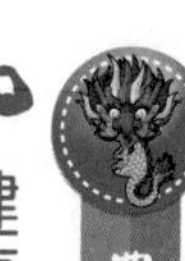

農曆四月

健康

對於常常從事電腦工作的人，要注意自己的眼睛保養。睡前聽一些放鬆的音樂，可以讓人達到身心靈的健康，多約朋友接觸大自然，提升正能量。

財運

財運稍稍穩定，想要在事業作出重大決定，一定要仔細思考過，再做決定。行動前必須格外審慎，建議你一定要對事業的本身多了解，多下功夫，不要貿然決定，三思而後行。

感情

未婚的朋友，也要注意爛桃花的出現，對方若是不真心，你也要懂得抽離，不要太過投入。已婚者要注意，不要因一時意亂情迷，而惹上不必要的爛桃花，甚至影響夫妻之間的感情。

事業

做事低調，說話謙卑，讓人覺得好相處，對工作運有幫助，懂得在工作中學習進修，增加自己工作上的競爭力。

運勢運程月份小叮嚀

建議在農曆初一的時候可以吃水煮蛋來開運，幫助整體運勢的提升。事業順暢的一個月，有貴人支援，亦有新合作的機會，出現新的合作，可以小額投資，但事前要先做好妥善的規劃。

健康

失眠又有情緒的問題，容易形成惡性循環，讓人的情緒不佳，以致於工作上無法表現，在健康上面一定要尋求解決，建議多休息。

財運

財運方面，不要有多餘的想法慾望，盡量存錢保守為上。本月的偏財運都是持平的，不要有太多雜念，一切買賣、投資理財的部分，都要小心。

感情

本月在感情上，建議你做事要勇敢，追求愛情也需要勇氣。遇上心儀對象不宜操之過急，應該彼此多加觀察了解之後，順其自然的心態發展較佳。

事業

工作表現理想，心情愉快，工作運大增。想要轉職的朋友，這個月可以開始尋覓新的工作，有好的工作機會出現，工作上也會遇到貴人幫助。

運勢運程月份小叮嚀

工作上面需要做調整，生活上面需要學習承擔壓力，凡事親力親為，勿因為忙碌而冷落了家人。有被劫財的現象，在錢財使用上要謹慎小心，避免擔保事件出現，財運順暢，可以少量投資理財，貴人運持續增強，桃花運旺，可多吃豆花。

農曆六月

健康

健康不佳因而影響到自己工作上的表現，工作壓力影響失眠，失眠影響體力，也讓其他各方面的運勢受到影響。運動不正確，容易造成脊椎跟手腕不舒適的狀況。

財運

由於財運旺，投資理財都有新的收穫。見好就收，不宜太貪心。本月若有外出出差機會，有增加財運的可能性，不妨主動爭取。在財位上放上有重量的金元寶，可以幫助財運穩固。

感情

單身的朋友，可以多參加聚會聊天，對尋覓新的對象有幫助，多吃紅色的食物可以開運。已婚的朋友，多放點心思在另外一半身上。

事業

注意文字修辭，在文件上容易出錯而使人誤導，迎合長官的要求，說話不要反駁，懂得分寸並努力付出。

運勢運程月份小叮嚀

運勢開始好轉，出現新的機會，好好把握本月的運勢。此月桃花盛，遇到心儀的對象，可主動表白，把握機會，會遇到不錯的對象。

健康

健康上注意失眠問題，找出失眠的原因，並且配合運動，維持身心靈的放鬆。注意心情不好，傷心又傷肝，不要過度擔憂生活上的事情。

財運

自己開創生意的經營者，生意穩步增長，財源滾滾來，多吃黃色食物可以幫助財運亨通。本月宜動不宜靜，主動尋找投資理財的機會，對自己金錢財運增加有幫助。

感情

無論男女，都可以增加自己的桃花運，只要攜帶心形的飾品，可以增加自己的感情桃花運。

事業

把握這個月工作的運勢，工作氣氛愉悅，有助於積極實行工作上的計畫，對事業有更上一層樓的發展。

運勢運程月份小叮嚀

本月做事情要圓融，態度要謙卑，懂得釋放壓力，不要有孤僻或主觀的想法，避免影響別人對你的看法，建議用念轉的方式化解壓力，別有過多的擔心，學習壓力的釋放很重要。

農曆八月

健康

在健康方面要注意自身行車的安全，不要違規，避免從事高危險的運動，一定要特別注意保護自身安全與關節四肢，避免撞擊或使用過度。

財運

本月在財運上，需要更多的細心，建議把眼光放遠一點，心態上也要做調整，會出現不少貴人跟長輩的提攜，有財運上很好的發展，多吃地瓜，可以補財運。

感情

已婚的朋友，要注意爛桃花的出現，避免朋友介紹新朋友認識，以免爛桃花滋生。由於工作太忙，可能會冷落另一半，令對方情緒不滿，記得家庭與工作要平衡。

事業

對未來的事業有發展鋪路的機會，保持初發心。本月不宜多管閒事，不要為他人排解糾紛，不要介入糾紛，避免公親變事主。

運勢運程月份小叮嚀

運勢相衝的月份，做好最壞的打算，跟最好的準備。財運旺，宜往外走走，壓力變大，遇到心情不好，不妨請朋友跟你一起外出旅遊。

農曆九月

健康

定期為自己做些健康檢查，有益婦科的小毛病，讓自己心安更健康。如果心中感到鬱悶，不妨找幾個朋友出來聊天抒發一下，避免壓抑自己情緒。

財運

本月的正財運工作穩定，正財運增加，有升職的機會。不要因為錢財而失去跟他人的和氣。財運旺，建議你多外出走走，可以為自己增加財運。

感情

發展順利，桃花運旺。因為外在誘惑增加，容易一時衝動，與身邊朋友發生戀情。不妨多找朋友聊天聚會，可以找到成就桃花的方法。

事業

事業運有向上的趨勢，做事充滿幹勁，能力受到肯定。這個月要避免私人事件情緒上的干擾，而影響到工作上的表現。

運勢運程月份小叮嚀

本月要注意身邊貴人相助，做事情要心平氣和，不要隨著他人敲邊鼓，或是慫恿他人去從事不開心的事物，盡量將你消極的想法隱藏起來，做事情都要積極正向才好。提防家中有漏水的狀況，需要修繕，避免漏財。

健康

健康方面，慎防食物中毒，不要吃不新鮮的食物，也要注意自己所吃的食物，是否有過期的狀況，避免大吃大喝之後引來的腸胃疾病。

財運

本身如果是在從事業務的人員，本月的財運會更進一步。你的努力，可以讓你有財運拓展的機會，多吃鳳梨可以補財運。

感情

若是已經有對象的朋友，本月要多關心自己的另一半，他們心情不佳，最需要你的關心與關懷，用愛包圍著他，讓他們感受到安定的力量。有機會在進修環境中，遇上適合的對象。

事業

先努力了解工作範圍，再來比較，謹記做事要低調，說話要謙卑。事業上遇到瓶頸的朋友，可以去喝汽水類的飲品，可以有助於工作運勢突破瓶頸。

運勢運程月份小叮嚀

本月需要注意個人錢財花費的問題，建議在月初的時候購買家用品，避免破財，生活當中的小事要多注意，不要有恍神、精神不濟的情況出現。

健康

健康方面不要增加應酬，減輕工作量，不要因為焦慮而失眠，不要太過疲累，固定休息很重要。多補充蔬菜水果，補充身體好能量。

財運

財運靠智慧，本月財運震盪，這時少花錢，多存錢可以幫助守財、財運。在財務上面切勿太心軟而借貸他人錢財，小心自己破財。處理財運，凡事謹慎，便會有賺錢的機會。

感情

本月桃花運旺，請克制自己的情慾關係，交友不要複雜。有機會在工作場所，遇到外表出眾的另一半，謙卑沈穩才能夠吸引到對方。

事業

想要轉換工作，在工作職場上，要學習了解自己，對於不懂的事物要學習主動了解，才可以增加事業的企圖心，順利轉換跑道。

運勢運程月份小叮嚀

不用只是羨慕別人，你自己也可以做到，所謂勤能補拙，人還是要努力勤奮才有可能成功。本月家中容易受到噪音或漏水的問題的干擾，要花點小錢整修，可以預防不安的事情發生，也可以避免破財。

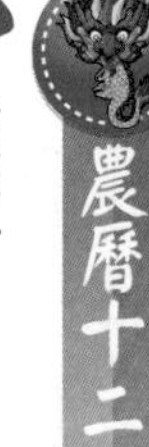

農曆十二月

健康

皮膚容易出現敏感或濕疹的症狀，最好尋找過敏源。本月需要多一點的元氣、需要多運動，而且多曬太陽、多流汗，對自己身體健康有很大的幫助。

財運

偏財運旺，多注意自己投資理財的規劃。避免花費過多，令自己陷入財務困境的狀態。建議多吃花生補財運。

感情

在本月，感情容易因為小事情而分分合合、吵鬧不休。建議多包容對方，找到兩個人可以解決的辦法。單身的朋友，有望在本月遇到心儀的對象，但要注意短命桃花，建議多觀察、多包容。

事業

穩定心情就能夠穩定自己的事業工作運，對工作多付出，必有相同的回報。勿太投入人事之間的戰爭，不要意氣用事。

運勢運程月份小叮嚀

本月脾氣較為浮躁，容易與人起爭執，引發緊張關係，勿招惹是非，待人處事宜謙遜低調，整體運勢佳，做事要積極認真。

狗

幸運數字：5
幸運色：白色

開運錦囊

擴展人脈積極行
凡事不急自有順
吉星守護心開運
好命富貴萬事成

生肖屬狗的朋友

西元一九三四年	（民國二十三年）	九十一歲
西元一九四六年	（民國三十五年）	七十九歲
西元一九五八年	（民國四十七年）	六十七歲
西元一九七〇年	（民國五十九年）	五十五歲
西元一九八二年	（民國七十一年）	四十三歲
西元一九九四年	（民國八十三年）	三十一歲
西元二〇〇六年	（民國九十五年）	十九歲
西元二〇一八年	（民國一〇七年）	七歲

鼠
牛
虎
兔
龍
蛇
馬
羊
猴
雞

狗
豬

龍年運勢運程

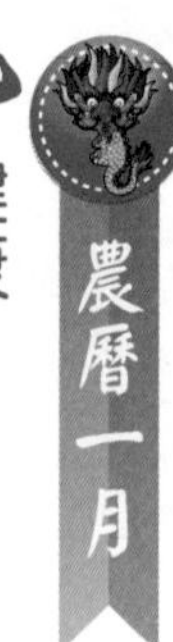

健康

健康上多吃清淡的食物，並且定期做身體健康檢查，尤其是腸胃道。要避免血光之災，建議你可於農曆初一去捐血，或是拿針刺食指一針，擠出一滴血，可以破除血光之災。

財運

不要掛名做投資理財動作，避免變成陷阱，反而破財。面對困難，總會雨過天青。財運上要好好努力，家人會有需要一筆開支或是修繕，你可能要幫忙負擔一些，本月支出容易比收入多，要小心理財。

感情

勿與伴侶牽扯金錢問題，以免引起無謂紛爭。剛認識勿過度投放感情，以免受傷。本月與伴侶會存在較多爭執，多給予對方空間與支持，對感情發展有利。

事業

事業方面，由於人緣佳，得到有力的幫助，學習突破工作瓶頸，工作上有升職的機會，工作壓力雖大，學習釋放工作壓力。

運勢運程月份小叮嚀

本月人際關係上需要多用點心對待他人，說話做事有耐心，對個人運勢都有幫助。同事之間，容易因粗心大意，說錯話而惹是非上身，在文件簽署及確認上，務必準確，小心翼翼，盡量避免犯錯，以免要賠償損失，凡事多細心。

健康

多關心家中男性的長輩，注意身體健康，多陪他們。本月容易情緒不穩，神經衰弱，睡眠品質大受影響，沒有足夠的睡眠，導致你情緒不佳，睡眠品質是影響你健康的關鍵。

財運

財運上的突發事件，測試你的應變能力，想要補財運的朋友，多吃麥芽糖，祈求財運增加。運用理財的策略，積極爭取財運，把握自己進財的機會。

感情

本月工作壓力大，影響了情感的發展，勿將工作帶回家中，影響兩人的感情。有對象的朋友，多關心對方，多包容，可以讓兩人感情升溫，並且有結婚的打算。

事業

努力展現自己工作上的事業，可以得到老闆跟上司的認同，你的付出就會是值得的，建議你本月多吃番茄可以增強工作事業運。

運勢運程月份小叮嚀

本月有人質疑你工作能力的表現，建議不要放在心上，有盡心盡力付出，就不要去在意別人的批評，凡事努力用心，不要因為他人的批評，而起口角爭執，本月盡力做自己該做的事情即可。

鼠 牛 虎 兔 龍 蛇 馬 羊 猴 雞  狗 豬

農曆三月

健康

健康上身體腸胃比較弱，所以盡量細嚼慢嚥進食，不宜快，三餐也要定時。女性要注意婦科的小毛病，記得東西一次不要買太多，能夠吃完最重要，保持食物的新鮮度。

財運

在財務方面，妥善規劃，才能改善家裡經濟的狀況，避免承擔過多的經濟壓力，要懂得分攤出去或是尋求協助。主動尋找投資理財的機會，對自己金錢財運增加有幫助。

感情

桃花運旺，可以認識到不少新的朋友，不宜在未了解對方之前，投入太多的感情，以免受傷。家中產生了問題，影響到兩個人的戀情，兩人可以多加溝通，相互支持，便可以消除歧見。

事業

工作上也要多加注意小細節，注意情緒關係，不要對工作失去熱情。工作上遇到困境，要懂得求救與詢問。

運勢運程月份小叮嚀

調整心態跟作息時間，多接觸大自然，會讓自己擁有向上積極的好能量，成功機率大增。本月工作進行容易節外生枝，多花點時間跟耐心應對，運勢就能趨於平穩。

農曆四月

健康

本月工作壓力過大，容易造成心情上的衝擊，要注意提振心情，身體才會健康，學習釋放自己緊張的壓力，記得要注意飲食的均衡。

財運

容易有破財的現象，不要因為慾望而購物，或情緒的高漲而購物，減少慾望的生成，就可以減少破財。本月財運旺，投資理財皆能獲利。

感情

剛開始認識的另一半，要多觀察，勿直接下注解或是拒絕，多觀察，先從朋友當起，有機會有好的發展。已婚者小心遇到爛桃花，要好好克制自己的情慾問題。

事業

學習表達自己的情緒感受，不要過度主觀，學習配合不執著，有機會多傾聽他人意見，從他人的工作表現中學習。

運勢運程月份小叮嚀

本月要遵守交通規則，勿違規，也不要隨意穿越馬路，注意交通安全。有機會遇到不錯的發展，要懂得把握機會，口出善言，可以讓自己擁有更多平穩愉快的能量。

農曆五月

健康

注意皮膚出現的濕疹，皮膚病的問題，避免接觸刺激性的物品，有時候使用天然的物品會比較適合。在健康方面，容易情緒低落，多曬太陽，多增加外出的機會，保持心情的開朗。

財運

本月財運雖然有得力助手幫忙，但是因為過度信任對方，而將財務經營權交給對方，反而令自己破財。

感情

本月感情，不要過度干涉對方家人的事情，更不要批評，避免情感生變。女性可以獨立自主，展現自己柔情或獨立的一面，可以引起別人的關注，增加桃花運。

事業

有機會接觸新的工作內容，代表有表現的機會，懂得克服困難，不妨向長輩請教，或是同事請教。虛心接受，可以在工作上獲得較大的成就。

運勢運程月份小叮嚀

本月學習斷捨離是重要課題，不要強求人際關係的發展，面對人際關係要隨緣。多留意瑣碎的事務，避免不必要的開銷。因為個人工作壓力較大影響情緒，建議多接觸大自然，平撫情緒，注意自己的睡眠，避免睡眠不足影響到整體運勢的發展。

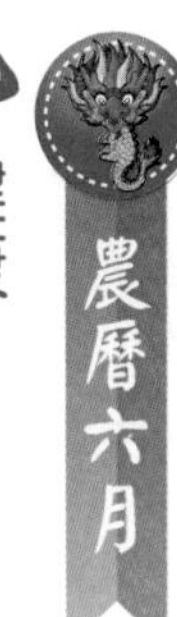

健康

本月的健康問題，多與情緒有關，容易疑神疑鬼，終日擔心容易形成憂鬱症，要特別抒發心靈的壓力。

財運

財運上面，容易惹上財務的官司是非，在交易或是在處理文件上面，要小心翼翼，白紙黑字，說明清楚。工作上，多構思，多計畫，財運上會有不錯的表現。

感情

本月桃花不要過於激進，脾氣要懂得控制，不要太過剛烈剛強，避免影響桃花。展開戀情之前，要多花一點時間了解觀察對方，避免自己無辜受到傷害。

事業

工作接觸新的範圍，不要害怕，願意學習，專注力放在工作上，工作上會更有成就，事業更上一層樓。

運勢運程月份小叮嚀

整體運勢上大有進步，個人的思想情緒都正面。合作出現新機會，財運旺，要多注意錢財上的消費配置，不宜過多消費，易破財。本月可以多吃地瓜補財運。

鼠 牛 虎 兔 龍 蛇 馬 羊 猴 雞 狗 豬

健康

高血壓慢性病患者，需要特別注意身體健康，做任何事情都不要過度，不要濫用身體，讓身體多休息，心情舒緩，可以避免慢性病的病症發作。

財運

本月賺錢運勢，可以比別人擁有更多的機會，要勇敢，努力去爭取，就有機會增加財運。

感情

感情發展的機會較高，建議你可以主動關心對方，多製造相處的機會。已有伴侶或是已婚者，可望感情繼續加溫，多吃紅豆可以開運。

事業

不要過分依賴他人，否則容易錯誤百出，注意文件的校正。這個月工作態度要積極，勿強求在升職部分，只要把當下該做的事情做好。

運勢運程月份小叮嚀

本月想法要樂觀一點，不要鑽牛角尖，工作壓力變大，事業運增強，成就感增加，展現實力的好時機。若是能夠樂觀看待最近所發生的事情，這些事情將成為你的智慧。

健康

慢性病患者一定要注意身體健康，做任何事情都不要過度，避免過分壓榨自己的體力。多吃蔬菜水果，少吃肉類，小心飲食過量，會有體重超標的可能性。

財運

養成每筆消費都記帳的好習慣，可以幫助自己本月減少破財的機會，每一筆錢都親自記錄，就會知道錢財流向，這樣對自己來說掌握金錢，才能掌控財務管理。

感情

本月聚會應酬變多了，認識新朋友的機會大增，這是桃花運的開啟，對人際關係與工作都有幫助。已經有結婚打算的朋友，記得在本月可以開始規劃進行。

事業

在職場上面想要一展長才，必須要懂得付出，願意學習，承擔責任。行事盡量低調，待人處事圓融，不要暗箭傷人，反而自己受傷。

運勢運程月份小叮嚀

人際關係與人相處輕輕鬆鬆，不用太過小心翼翼，也不需要對他人要求過多，人際關係相處上不需要去討好別人，這樣可以讓你自己減少壓力，放鬆心情對運勢有提升的作用。

農曆九月

健康

避免血光之災，可以捐血、提升健康運。要注意自己的膽固醇，不要暴飲暴食，避免體重上升。建議多運動，多補充蔬菜水果及清淡飲食。

財運

本月偏財運極佳，不妨考慮購買彩券，或是參加摸彩抽獎，都會有好運氣在你身邊，有機會贏得大獎，甚至幫別人小小的忙，你可以得到大大的收穫。

感情

有機會對早已相識的朋友產生好感，多找老朋友聚會，從朋友關係開始，不妨深入了解對方的性格及喜好，培養感情，切忌急躁行事，太急會嚇跑對方。

事業

努力學習創造，提升自己的工作價值，工作上的態度要修正，積極認真才有進步的空間。

運勢運程月份小叮嚀

本月要妥善處理好自己的財務問題，減少消費，避免有被詐騙的可能性，不要貪心就能夠破解。身體健康方面要注意肝臟跟心情，多休息，增進健康運。

健康

由於工作壓力過大，加上人際關係欠佳，要注意提振心情，才有身體健康。注意腸胃道的毛病，不要吃太多冷食。

財運

由於有劫財之象，短炒的投機理財能免則免，中長線的投資理財比較適合。對於投資理財方面，最好自己做好財務上的規劃，比較能夠獲利。

感情

感情已經通過磨合期了，感情升溫，避免用強勢的心態主導情人。感情當中心情穩定很重要，要給對方安全感。已婚的朋友，記得為另一半多付出。未婚的朋友，多吃蘋果或桃子。

事業

上司願意給表現機會，自己要多用心。同事得以幫助，人際關係佳，工作職場順利，有求新求變的機會，可以展現自己的工作能力。

運勢運程月份小叮嚀

本月勿聽信他人的意見而做重大決定，凡事不要依靠他人的決定，自己要學習面對問題，才能有成長的機會。本月鬥志慾望強盛，學習力高，可以善用進修與規劃新案件。建議可以多出門走走，到天氣涼爽的地方散心，幫自己提升好能量。

農曆十一月

健康

請將家中利刃收拾安全，避免不慎被居家陷阱所傷，所以要把刀子尖銳物收起放好。避免接觸侵蝕性的用品，以防止皮膚敏感或濕疹的復發。本月容易出現腸胃道疾病，跟心臟血管疾病，飲食多為清淡。

財運

財運上最重要的，就是事事謹慎，勿隨便投資。預防自己財運上的破財，避免與他人合夥投資理財，財運上受到突如其來的衝擊，財務宜保守為原則，多吃黃色食物能開運。

感情

想尋求感情、發展戀情，可以去參加喜宴喜酒，或吃喜餅。有不少結識異性的機會，但是個人猶豫不決，可能會失去戀愛的機會。多關心伴侶的情緒，以免被他人乘虛而入。

事業

本月會有不錯的工作機會表現，對於人事，少過問、少插手。自覺得辦不到的事情，不要輕易答應他人，不要承攬了別人的責任。

運勢運程月份小叮嚀

整體運勢提升的一個月，賺錢不俗，財運旺，但要注意身體健康，勿過度操煩、操勞，注意自己的身體健康。辦公室內開始出現人事鬥爭，為了避免關係惡化，不要捲入其中，遠離是非。

健康

本月注意腸胃問題，這個腸胃問題是吸收消化不良，建議你盡量吃點清淡的東西，對於油炸、油膩的食物減少攝取，保持浴室的乾燥，避免跌跤。

財運

投資理財部分要勤做功課，避免因為貪心而失去更多的錢財。持續觀察做功課是必要的學習過程。

感情

有對象的朋友要注意，不要因為爭執太多而陷入情變的狀況，所以本月最好少出口傷人，多關心對方。桃花運不錯，可以藉由朋友介紹，遇到喜歡的另一半，感情未達成熟的地步，要有耐心。

事業

工作上懂得量力而為，才是最好的工作表現。想要轉換工作的朋友，審慎思考，目前工作壓力會更大，盡量仕這個月不要做任何重要的決定。

運勢運程月份小叮嚀

本月不要任意行事，常常讓自己陷入兩難。工作上出現新方向，人際關係變好，有貴人幫忙，只要保持心情愉快，就能擁有好能量，遇到困境可化險為夷。

豬

幸運數字：6、8

幸運色：紅色

開運錦囊

家宅平安鴻運到
財源廣進知足心
善念福德自有定
福寬智慧心平靜

生肖屬豬的朋友

西元一九三五年	（民國二十四年）	九十歲
西元一九四七年	（民國三十六年）	七十八歲
西元一九五九年	（民國四十八年）	六十六歲
西元一九七一年	（民國六十年）	五十四歲
西元一九八三年	（民國七十二年）	四十二歲
西元一九九五年	（民國八十四年）	三十歲
西元二〇〇七年	（民國九十六年）	十八歲
西元二〇一九年	（民國一〇八年）	六歲

龍年運勢運程

農曆一月

健康

注意自己的血壓血糖跟上呼吸道的變化，不要過度使用自己的喉嚨。注意居家清潔跟空氣品質，去除塵蟎與灰塵，勤打掃。

財運

本月為家裡添購一些東西，擺放紅色的物品，可以增加喜氣，為自己提升財運。在財位上放黑曜石，並且在基底座放上一張紅色的紙卡，寫上自己的生辰，可以幫助財運亨通。

感情

本月遇到合眼緣的對象，但個性不合，桃花較難開花結果，宜再等待。與另一半的關係，要學習多一些的包容，在感情中需要得到認同和尊重。

事業

工作上容易因為偷懶，而拖累工作進度，建議調整心態，或是假日放鬆一下，拾起積極的態度，面對困難，才能突圍而出，能有更好的表現。

運勢運程月份小叮嚀

本月可以考慮進修的事宜，在管理方面，遇到困難挫折也不要放棄，總是堅持到最後，才能得到好的結果，對未來事業整體有很大的幫助。

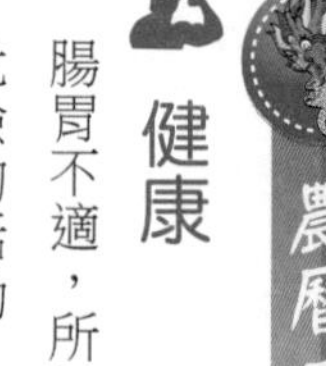

健康

腸胃不適，所以少吃油膩跟甜食。避免從事危險的活動，影響健康，造成身體上的傷害。增加個人抵抗力，多吃蔬菜水果。

財運

財務上的規劃最好能夠親力親為，財運就較能夠提升，多吃黃色的食物或地瓜，不要借貸他人錢財。做生意的營業金額，有望穩步增加。

感情

單身者有機會藉由他人的介紹認識心儀對象。渴望嚐甜蜜戀愛滋味的朋友，可以主動請身邊的人介紹，順利展開戀愛的機會。感情易陷入自我的主觀意識中，試著與對方溝通，不要逃避。

事業

事業工作上，要小心遭人陷害，做事謹慎小心，對於該做的事情，要勇於承擔與接受挑戰，不要逃避責任。

運勢運程月份小叮嚀

本月面臨到反反覆覆的矛盾衝突，只要能夠靜下心來，便能夠找尋自己內心真實需要的部分。不妨靜下來重整自己的好能量，計畫未來，須提防投資理財的陷阱。

健康

雙腳容易因為久站而感到不舒服，避免行走太快，容易導致扭傷或跌傷，建議你走路放慢，可以多泡熱水澡，促進新陳代謝，疏通淋巴。

財運

財運上面終於揚眉吐氣，財運得以增加，多吃巧克力、黑色食物提升財運。可以憑個人靈感選擇投資理財，也可以跟信任的人商量規劃，讓自己的財運越來越好。

感情

有對象的朋友，注意感情的變化，本月外來的誘惑變多，避免因為無法克制自己而引起不必要的誤會。剛認識對象的朋友，避免批評對方家庭，而影響兩個人發展的感情。

事業

工作上願意用更積極的心，去對待與面對自己的工作，工作上會有更好的表現，建議遇到困境可以吃黑糖，幫助化解困境。

運勢運程月份小叮嚀

遇到人際關係的困難，需要花更多時間上前稍作解釋，避免誤會發生。待人處事宜謙遜低調，注意脾氣較為暴躁，容易與人起爭執，引發緊張關係，勿招惹是非。

健康

本月減少飲酒，飲酒容易讓人失去理性，容易說錯話而傷害人際關係，多吃綠色的食物，幫助身體健康。

財運

財務投資方面要保守，多存錢少購物，不要輕易的放棄賺錢的機會，偏財運旺，不妨可以買張彩券試試手氣。理財投資多成功。

感情

剛墜入情網、已有伴侶的朋友，可以多吃巧克力，增加自己的感情運，本月的桃花運勢較佳，可以主動出擊，更為理想。避免流言斐語影響雙方的認知，阻礙感情的發展，建議多溝通。

事業

工作上要做任何決定之前，一定要先謹慎思考，注意這個月容易會有出錯的狀況，工作多用點心，提升專注力。

運勢運程月份小叮嚀

本月因為煩惱困難較多，所以要有堅強的心理準備，並以耐心來解決，提防居家的陷阱。家宅方面，注意是否需要重新修繕。本月不宜投資。

健康

出門要注意飲食，以免水土不服，不要亂服用藥物。很多事情都上了軌道，一切越來越好。福至心靈，心情放鬆，健康對未來事業發展大有幫助，健康良好。

財運

投資理財請相信自己的見解，不要輕易地聽從別人的意見，凡事見好就收不貪心，才能真正存到錢，守到財。維持目前的財務規劃，就是最好的方法。

感情

建議本月多花時間陪伴伴侶，坦誠溝通，找到共同興趣，感情升溫。減少意見上的衝突，以對方的意見為主，就可以減少兩個人的爭執。

事業

工作不如預期表現，也不要喪志，重新出發，找出個人的優勢，懂得自我檢討，工作上態度加以調整，就能漸入佳境。

運勢運程月份小叮嚀

本月因粗心大意，容易惹官非上身，在文件的確認上，務必精準，小心翼翼，盡量避免犯錯，以免要賠償損失，凡事多細心。

健康

健康方面，要注意家中小朋友有扭傷或跌跤的情況，自己在行走樓梯時，也要注意關節、注意腳踝扭傷。

財運

本月是財運豐收的一個月，好好的把握本月的投資理財動作，建議多存錢，少花錢，就是增加財運的機會了，多吃烤地瓜對於財運有幫助。

感情

單身人士的戀愛運強，有機會遇上合眼緣的對象，拿出你的熱情，說話要注意勿誇張，容易讓人反感，建議還是低調比較好。

事業

工作上可能會受到一些打擊，但不要因此對工作沒有信心，建議你做好自己的事情，凡事盡力最為重要。

運勢運程月份小叮嚀

本月鬥志慾望強盛，學習力高，可以善用進修與規劃新案件。本月辦公室內開始出現人事鬥爭，為了避免關係惡化，不如計畫外出出差，不要捲入其中，建議可以多出門走走。

健康

健康方面，減少應酬，安排正常作息，保持心境上的開朗，對健康有幫助。不妨找時間充足的睡眠，才能夠從事其他事情，睡眠品質真的很重要。

財運

過去別人跟你借貸的錢財，可能有償還的機會了。建議你可以找時間主動聯絡對方，給對方一些壓力，多少可以拿回一些錢財，這個月多吃番茄對偏財運有幫助。

感情

本月好好控制情緒，留意伴侶的身體健康，少爭執，多溝通。單身的朋友想要增加新戀情，本月可以多外出遊玩。

事業

工作上需要更多的耐心，才能發揮工作上的實力。不要因為意見的不同，而失去了對工作的信心與自信。

運勢運程月份小叮嚀

本月勿聽信他人的意見而做重大決定，自己做決定，自己思考。凡事多小心。留意在身邊的朋友，避免有被詐騙的可能性。注意肝臟跟心情，多休息，增進健康運。

農曆八月

健康

在健康方面，小心手腳關節等病症的復發，一定要記得詢問醫生，並且做進一步的追蹤治療或復健。雙手使用過度，減緩手部不適，避免從事同一個動作行為太久，應該給予休息的時間。

財運

本月財運大增，生意發展順遂，可以得到獎金。偏財運旺，有投資理財獲利的機會，有貴人相助，理財方面有好消息。

感情

聚少離多的狀況，感情變淡而生爭執，與另一半關係容易劍拔弩張、爭執不斷，建議大家都先冷靜比較好。單身者可以多參加聯誼活動，或是多喝甘蔗汁有幫助。

事業

跟同事意見分歧的時候，不妨平心靜氣的討論，減少爭執，更不要做人身攻擊。懂得給別人解釋的機會，不要過度苛求，避免影響人際關係發展。

運勢運程月份小叮嚀

本月要注意身體健康，氣管呈現較弱的狀態，本月記得做身體健康檢查，並注意手部外傷，不宜從事高危險活動。本月的投資理財要趨向於保守，家宅中容易破財，巡視一下家中有無漏水的狀況。

健康

時時保持家中地面乾爽，避免水漬或是物品擦撞掉落，而導致行走跌跤。本月需注意，神經衰弱或是偏頭痛的問題，一定要獲得解決。

財運

投資理財方面，應以保守為原則，並且避免不必要的開支，多留現金在自己身邊運用。受到財運的沖煞，小心不是很多本錢的情況下，大手筆的投資容易出錯。

感情

本月戀情發展靜待好時機。建立自信，與他人溝通聊天，可以增加自己應對的能力，會增加桃花運，本月感情運勢宜多主動。

事業

工作表現備受肯定，若能積極爭取工作的機會，會發展更好。知道自己的目標在哪裡，全力以赴，盡全力，工作上能夠施展身手，表現出色。

運勢運程月份小叮嚀

本月可以主動爭取機會獲得較多的報酬，不管是工作上或是人際關係上，總是會有所回饋。整體運勢提升的一個月，賺錢不俗，財運旺，但要注意身體健康，勿過度操煩、操勞。

農曆十月

健康

在健康方面，小心關節痠痛問題，注意舊疾復發，讓身體多休息，避免從事同一個動作行為太久，應該要有適當的休息。有任何身體不適的狀況，要記得詢問醫生，並且做進一步追蹤治療。

財運

學習理財，要多花點時間跟精神。好好的管理自己的錢財，學習理財規劃，避免額外的開支。家人會有破財的情況出現，互相支援可以快速度過難關。

感情

容易因為爭執而陷入冷戰關係，本月要小心說話的態度，避免誤會。遇到身邊外貌姣好的異性朋友，勿輕浮開玩笑，多花時間來觀察才對桃花有幫助。

事業

工作上有些變動，需要耐心的配合，不要抱怨，也不要與他人有衝突狀況，適時調整自己的想法，懂得念轉，難關很快就會過去。

運勢運程月份小叮嚀

本月事業運持續增強，腳部容易扭傷，運動時加倍留心。人際關係複雜的一個月，脾氣不穩，容易與人吵架，宜加強溝通。運勢動盪的一個月，生活中不宜出訪旅遊，容易破財。

健康

本月健康會不斷受到小毛病的困擾，這時候應該多注意飲食，多吃蔬菜水果，少吃生冷食物。注意食品衛生，不亂食用過期食品。

財運

努力會為你帶來財運，對你來講，工作上有不錯的表現。參加抽獎或是參加一些創意的活動，有時候會有意外之財。投資理財方面，宜保守。

感情

在感情方面，因為與朋友產生誤會，最後冰釋前嫌，心情較為愉快平穩。一段剛開始萌芽的感情，要小心維護，多陪伴對方。注意感情，不要太過於專注事業，而冷落了另一方。

事業

跟同事之間需要時間上的磨合，過程令人煎熬，但要堅持下去，此時沉默是金，盡量少出口、少說話，避免引人不滿，也要注意工作的態度。

運勢運程月份小叮嚀

事業有進展的一個月，本月有人提出新計畫，稍微思考，不宜馬上做決定。整體運勢佳，多關心家人身體健康，受到情緒上的衝擊，容易產生情緒低落，宜多找朋友訴說，朋友會給予適當的建議。

農曆十二月

健康

注意心臟及膽固醇的問題，健康方面多攝取五穀類食物。在健康方面，注意居家安全，注意家中火源。照顧家人情緒，也是健康重要的部分。

財運

龍年宜動不宜靜，主動尋找投資理財的機會，對自己金錢財運增加有幫助。努力規劃財務，不借貸，不超出自己能力可以負擔的購物，多吃黃色的食物，可以增加財運。

感情

感情中不要與他人過度曖昧，避免誤會。應酬太多，會影響感情發展，建議多花一點時間陪伴對方，減少個人交際應酬的時間。感情能夠順利發展，相處低調。

事業

努力適應同事之間的相處方式，對自己的工作表現要有信心，接觸更多人脈對自己工作有幫助，不要畏懼展現自己的能力，學習不在意他人的眼光。

運勢運程月份小叮嚀

本月宜動不宜靜，很多事情不妨計畫一下，向外旅遊或是外出走走的打算，不宜靜待在家中或辦公室。本月人緣運旺，不妨把握助力向上拓展，關懷不常聯絡的朋友。

國家圖書館出版品預行編目資料

2024 龍年十二生肖運勢開運大補帖 / 黃子容著 . -- 初版 .
-- 新北市 : 光采文化出版事業有限公司，2023.10
面 ； 公分 . -- (開運大補帖； 18)
ISBN 978-626-95773-7-8(平裝)
1. CST：生肖 2. CST：改運法
293.1 112015820

開運大補帖 018
2024 龍年十二生肖運勢開運大補帖

作　　者　黃子容
主　　編　黃子容
封面設計　顏鵬峻
美術編輯　陳鶴心
出 版 者　光采文化出版事業有限公司
新北市永和區中正路 454 巷 6-1 號 1F
電話：(02) 2926-2352
傳真：(02) 2940-3257
http://www.loveclass520.com.tw
法律顧問　鷹騰聯合法律事務所 林鈺雄律師
製版印刷　皇輝彩藝印刷事業有限公司

2023 年 10 月初版

總經銷：大和書報圖書股份有限公司
地　址：新北市新莊區五工五路二號
電　話：(02) 8990-2588
傳　真：(02) 2290-1658

定價 300 元
ISBN 978-626-95773-7-8
Printed in Taiwan
版權所有，翻印必究

luminosity

luminosity